Una Mente Vale Más Que Un Millón: Cómo Pensar, Decidir Y Actuar Para Crear Riqueza Real

Casares Martín

Indice

Introduccion

La mayoría de la gente recuerda la riqueza como una escena: un cheque grande, una venta inesperada, una inversión que "explotó", un ascenso que cambió el sueldo de un año para otro. Lo que casi nadie recuerda —porque no se ve, porque no es cinematográfico— es el proceso silencioso que suele haber detrás de esas escenas. Y aquí va el dato que te va a incomodar (o liberarte): la mayoría de los llamados "golpes de suerte" financieros son, en realidad, años de decisiones pequeñas acumuladas. No es magia. Es repetición. Es criterio. Es paciencia. Y, sobre todo, es una mente entrenada para elegir bien cuando nadie está mirando.

Si esto fuera un libro para "hacerte rico rápido", te vendería una emoción. Te hablaría de atajos, de secretos, de fórmulas únicas. Pero la riqueza real no nace de un truco: nace de un sistema. Y un sistema no vive en tu cuenta bancaria; vive en tu cabeza. Por eso, el título de esta introducción no es una frase bonita: es una advertencia. Una mente vale más que un millón porque un millón puede desaparecer —por crisis, por malas decisiones, por presión social, por un mal socio, por impulsos que no supiste gestionar— mientras que una mente que entiende cómo construir, proteger y sostener riqueza puede reconstruir incluso después de caer. Un millón es un número. Una mente es una fábrica.

Cuando digo "mente", no me refiero a pensar positivo ni a repetir mantras frente al espejo. Hablo de algo más práctico: tu forma de interpretar la realidad, tu relación con el riesgo, tu tolerancia a la incomodidad, tu manera de decidir cuando estás cansado, tu capacidad de decir "no" a lo que te compra aplausos pero te roba futuro. Hablo de tus hábitos invisibles: cómo gastas cuando estás ansioso, cómo negocias cuando sientes que no mereces más, cómo inviertes cuando te aburre el camino largo. Hablo de tu "sistema operativo": el conjunto de reglas —conscientes o no— que guía tus acciones con dinero, trabajo, relaciones y tiempo.

Y aquí es donde la palabra "riqueza" necesita una traducción honesta. Si tú y yo no definimos riqueza real desde el principio, vas a leer este libro con el filtro equivocado. Mucha gente confunde riqueza con ingreso. Cree que "ganar más" es lo mismo que "ser más libre". Y se sorprende cuando, después de aumentar su facturación o su salario, su vida sigue igual: sigue corriendo, sigue sin margen, sigue con el mismo estrés, solo que con más cosas que mantener. El ingreso es una entrada. La riqueza es una estructura. El ingreso puede ser alto y, aun así, vivir al borde. La riqueza real, en cambio, se nota en cosas menos glamorosas y mucho más valiosas: libertad de tiempo, margen de maniobra, salud mental, relaciones cuidadas y opciones disponibles.

Libertad de tiempo significa que tu vida no depende de estar siempre "encendido" para no hundirte. Margen de maniobra significa que un mes malo no te rompe. Salud mental significa que el dinero deja de ser una alarma constante y pasa a ser una herramienta. Relaciones significa que no sacrificas a las personas importantes por perseguir una meta que nunca se siente suficiente. Opciones significa que puedes elegir: quedarte o irte, decir sí o decir no, pausar o acelerar, invertir o esperar. Eso es riqueza. Lo demás —el coche, la foto, el reloj, el estatus— puede ser una expresión estética, pero no es el núcleo. A veces, de hecho, es la distracción.

Este libro parte de una tesis simple y exigente: el dinero es un resultado; el sistema mental es la causa. La mayoría de los consejos financieros fallan porque se centran en el resultado sin tocar la causa. Te dicen qué hacer con el dinero, pero no te enseñan quién debes ser —en términos de hábitos y decisiones— para sostener lo que construyes. Te explican inversión, ahorro, impuestos, presupuestos, pero pasan por alto que, en la vida real, no decides en un laboratorio. Decides con emociones, presión, cansancio, tentación, comparación y miedo. Decides con historias internas: "si no lo compro ahora, me lo pierdo", "si no aparento, me quedo atrás", "si no digo que sí, me rechazan", "si invierto y sale mal, soy un fracaso". Esas historias son la verdadera contabilidad. Y si no las revisas, seguirás repitiendo patrones aunque tengas más ceros en la cuenta.

Aquí vas a aprender a construir un sistema que funcione incluso cuando no te sientes inspirado. Porque la inspiración es caprichosa, pero los hábitos son fieles. Este libro no quiere convertirte en un genio financiero; quiere ayudarte a dejar de sabotearte con decisiones pequeñas que, juntas, se vuelven gigantes. Quiere darte claridad para distinguir entre lo que te acerca a tu libertad y lo que solo te da un alivio momentáneo. Quiere que tu riqueza no sea un pico de suerte, sino una tendencia estable.

Por eso, la forma de usar este libro importa tanto como su contenido. No lo leas como teoría. No lo leas para "estar de acuerdo". Léelo como un conjunto de herramientas. Cada capítulo está pensado para que puedas aplicarlo, incluso si tienes poco tiempo. Aquí no vas a encontrar la típica promesa de transformación total en una semana. Vas a encontrar ejercicios rápidos, decisiones accionables y preguntas que te obligan a ver lo que normalmente evitas. A veces, una sola pregunta bien hecha vale más que cien páginas de motivación.

La estructura es deliberada: en vez de inundarte con conceptos, te voy a ofrecer palancas. Cosas que, si las mueves un poco, cambian mucho. No necesitas memorizarlo todo. Necesitas detectar tu cuello de botella. Algunas personas pierden dinero por impulsividad; otras por miedo. Algunas por exceso de generosidad sin límites; otras por orgullo y necesidad de demostrar. Algunas por falta de orden; otras por exceso de control que las paraliza. Hay patrones distintos con el mismo resultado: una vida con poco margen. La idea es que identifiques el tuyo, lo nombres sin drama y lo sustituyas por una regla mejor.

Y aquí aparece el enemigo silencioso que más daño hace porque se disfraza de progreso: confundir ingreso con riqueza y estatus con patrimonio. El ingreso es lo que entra; el patrimonio es lo que queda y trabaja para ti. El estatus es lo que se ve; el patrimonio es lo que sostiene. El estatus suele pedirte pruebas constantes: vestir, viajar, mostrar, actualizar, competir. El patrimonio suele pedirte lo contrario: paciencia, discreción, consistencia, decisiones que no siempre reciben aplausos. El estatus te da dopamina; el patrimonio te da tranquilidad. Y si no distingues eso, puedes acabar ganando mucho y acumulando poco, viviendo en una rueda donde cada mejora se convierte en un nuevo estándar que ahora "tienes que mantener".

Hay un costo emocional en esa confusión. Cuando el ingreso se convierte en identidad, cualquier bajada se siente como un ataque personal. Cuando el estatus se convierte en brújula, tus decisiones dejan de estar al servicio de tu futuro y pasan a estar al servicio de la mirada ajena. Entonces trabajas más, pero sientes menos. Compras más, pero descansas menos. Te mueves más, pero no avanzas. Y lo peor: como desde fuera parece que "te va bien", te cuesta pedir ayuda o admitir que no tienes control. Este libro va a romper ese espejismo con respeto, sin culpa, pero con firmeza. Porque no necesitas vergüenza; necesitas precisión.

Quiero que pienses en la riqueza como en una casa. El ingreso es el agua que llega por la tubería. Si la tubería trae mucha agua, parece que todo va bien. Pero si el suelo tiene grietas, el agua se pierde. Y no importa cuánto aumentes el flujo: seguirás encharcando sin llenar el depósito. El sistema mental es lo que repara las grietas. Es lo que define dónde va el agua, cuándo la guardas, cuándo la usas, y por qué. Sin eso, cualquier mejora se convierte en más desorden.

A lo largo de estas páginas, vas a notar un enfoque constante: construir margen antes que impresionar. Fortalecer fundamentos antes que perseguir atajos. Diseñar reglas sencillas antes que depender de fuerza de voluntad. La fuerza de voluntad es útil, pero no debería ser tu plan de negocios. Si tu riqueza depende de estar siempre disciplinado, estás a una mala semana de perder el control. En cambio, si tu riqueza depende de un sistema claro —automatizado cuando se puede, simple cuando se complica— entonces tu vida se vuelve más resistente. No perfecta, pero resistente.

También vas a ver que este libro habla tanto de dinero como de vida. Porque, al final, el dinero es una herramienta para comprar opciones, no un trofeo para comprar validación. Si no lo conectas con tus valores, terminarás persiguiendo números que no te dan paz. Y si no lo conectas con tus límites, terminarás usando tu salud, tu sueño y tus relaciones como moneda. La riqueza real no es acumular sin fin; es tener suficiente control y claridad como para vivir con intención.

Te propongo un trato sencillo: no intentes cambiarlo todo de golpe. El cambio más poderoso suele empezar con una decisión pequeña que sostienes. Una regla nueva. Un "no" que te cuesta. Una conversación pendiente. Un ajuste automático. Una revisión semanal. La mayoría de las transformaciones financieras que parecen enormes desde fuera se construyen así: con pasos aburridos que, repetidos, se vuelven inevitables.

Si al terminar esta introducción solo te quedas con una idea, que sea esta: tu mente es tu activo principal. No porque sea "bonita" o "inteligente", sino porque es el lugar donde se decide si tu dinero se multiplica o se evapora. Y a partir de aquí, vamos a entrenarla como se entrena cualquier herramienta valiosa: con práctica, con reglas claras, y con decisiones que, aunque pequeñas, cambian tu vida cuando se acumulan.

Capítulo 1 — El dinero sigue a la identidad (no al revés)

1.1 Identidad financiera: quién eres cuando nadie te mira

Hay una idea que incomoda porque quita excusas: el dinero no te convierte en alguien; solo amplifica lo que ya eres. Si tienes disciplina, el dinero la vuelve más visible. Si tienes ansiedad, el dinero le da más herramientas para disfrazarse de "decisiones". Si tiendes a evitar, el dinero te ofrece mil formas de postergar sin que parezca postergación. Por eso, antes de hablar de cuentas, inversiones o estrategias, hay que hablar de identidad. No la identidad bonita, la de discurso público, sino la identidad real: quién eres cuando nadie te mira, cuando no hay aplausos, cuando no hay testigos, cuando la compra sería fácil y la excusa estaría lista.

Tu identidad financiera no es lo que dices que harías con más dinero. Es lo que haces hoy, con lo que tienes, cuando el sistema te da libertad para elegir. Es la decisión de abrir o no la app del banco. Es si miras tus números con calma o si los evitas como si fueran una amenaza. Es si compras para sentirte mejor o si te detienes un minuto para preguntarte qué estás intentando calmar. Es el tipo de persona que se conoce a sí misma lo suficiente como para no negociarse por un impulso.

La mayoría de la gente cree que la riqueza es una cuestión de técnicas. Y claro que la técnica importa. Pero la técnica sin identidad es como un mapa en manos de alguien que no quiere caminar. Puedes saber exactamente qué conviene hacer y aun así no hacerlo. Puedes comprender que ahorrar te protege y aun así gastar para aliviarte. Puedes entender que invertir es necesario y aun así esperar "el momento perfecto" que nunca llega. El cuello de botella no está en tu inteligencia; suele estar en tus reglas internas. Esas frases silenciosas que gobiernan tus decisiones y que rara vez cuestionas porque te parecen "sentido común".

Todos tenemos reglas internas sobre el dinero. No son leyes escritas, pero operan como si lo fueran. Algunas vienen de tu familia, otras de tu entorno, otras de experiencias fuertes que dejaron marca. Y aunque no las pronuncies, tus decisiones las obedecen. Hay reglas de culpa, de merecimiento, de miedo y de exhibición. La culpa suele sonar así: "Si me va bien, alguien se queda atrás", "Si guardo dinero, soy egoísta", "No está bien querer más". El merecimiento se disfraza de moral: "No merezco cobrar tanto", "No merezco descansar", "Cuando me 'demuestre' suficiente, entonces sí". El miedo no siempre se presenta como pánico; a veces se presenta como hipercontrol: "Si gasto, me quedo sin", "Si invierto, lo pierdo", "Si delego, me engañan". Y la exhibición es el guion que más se normaliza: "Si no se nota, no cuenta", "Si no lo muestro, no existe", "Si no actualizo mi imagen, me quedo fuera".

Estas reglas internas no son un problema porque existan. El problema es que actúan desde la sombra. Cuando una regla interna manda, tú crees que estás decidiendo, pero en realidad estás obedeciendo. Y la libertad empieza cuando puedes nombrar lo que te gobierna. No para juzgarte, sino para recuperar el volante.

Un buen ejercicio mental —sin papel, sin ritual— es este: recuerda tu última decisión financiera que te dejó una sensación rara. No necesariamente grande. Puede ser una compra pequeña que no necesitabas, un gasto "para celebrar" que terminó en vacío, una inversión que evitaste, un mensaje que no enviaste para negociar. Pregúntate: ¿qué historia me conté para justificarlo? Ahí suele aparecer la regla. Tal vez fue "Me lo merezco porque trabajé mucho". Tal vez fue "Para qué voy a ahorrar si igual no alcanza". Tal vez fue "Si cobro más, me van a rechazar". Tal vez fue "Si digo que no, pierdo estatus". No necesitas analizar tu infancia; necesitas escuchar tu narrador interno. Porque ese narrador dicta tu economía diaria.

Cuando empiezas a ver tus reglas internas, aparece el siguiente nivel: tu personaje dominante. No es un insulto. Es un patrón de comportamiento que toma el control bajo estrés, cansancio o emoción. La mayoría de las personas no son "malas con el dinero"; son consistentes con su personaje. Y tu personaje suele tener una lógica que, en su momento, te protegió de algo: del dolor, de la incertidumbre, de sentirte menos, de sentirte solo. El problema es que lo que protege a corto plazo puede destruir a largo plazo.

Está el impulsivo: vive en el "ahora", compra sensación de vida, de premio, de escape. No gasta solo por objetos; gasta por emoción. Su frase favorita es "Es una vez" o "Ya me recuperaré". No es que no sepa ahorrar; es que le cuesta tolerar el vacío entre deseo y satisfacción. Y como el mercado sabe eso, le ofrece gratificación instantánea envuelta en una estética de "bienestar".

Está el acumulador: ahorra no por tranquilidad, sino por control. Le cuesta gastar incluso en cosas necesarias porque, en el fondo, siente que el mundo es inseguro y que el dinero es el único refugio. Puede tener una cuenta creciente y, aun así, vivir con tensión. Su frase silenciosa es "Nunca es suficiente". El acumulador suele confundir seguridad con inmovilidad: si no se mueve, "no se pierde". Pero esa rigidez también tiene un costo: oportunidades que no toma, descanso que no se permite, vida que se posterga.

Está el salvador: usa el dinero como prueba de amor. Paga, rescata, presta, ayuda sin límites, a veces sin que le pidan. Y luego, por dentro, se agota o se resiente. Su regla interna suele ser "Si no doy, me abandonan" o "Si a otros les va mal, yo fallo". El salvador puede ganar bien y aun así no construir patrimonio porque su identidad está atada a ser imprescindible.

Está el apostador: persigue el golpe grande. Se aburre de lo estable. El progreso lento le parece una pérdida de tiempo. Vive en la promesa del "próximo movimiento" y suele subestimar la estadística. Su frase favorita es "Esta vez sí" o "Tengo buen ojo". El apostador no siempre juega en casinos; juega en inversiones sin criterio, en negocios que no entiende, en decisiones tomadas por ego o por prisa. Su identidad no tolera la paciencia porque confunde paciencia con mediocridad.

Y está el evitador: no mira números, no revisa, no planifica. No porque sea tonto, sino porque le genera ansiedad enfrentarse a la realidad. La evitación es una anestesia. Mientras no miro, no existe. Mientras no abro el correo, no pasa. Mientras no calculo, no duele. El evitador suele tener una regla interna dolorosa: "Si lo veo, me derrumbo", "No soy bueno para esto", "Prefiero no saber". El problema es que la vida cobra igual, mires o no mires. Y el costo de evitar es que el problema crece en silencio.

Nadie es un personaje puro. Puedes ser impulsivo en vacaciones y acumulador en el trabajo. Salvavidas con la familia y evitador con los impuestos. Pero casi siempre hay uno dominante: el que aparece cuando estás cansado, cuando te sientes evaluado, cuando te comparas, cuando algo te asusta. Identificarlo no es para etiquetarte; es para diseñar un sistema alrededor de tu humanidad. Un sistema que no dependa de que te vuelvas otra persona, sino de que actúes con claridad incluso cuando no estás en tu mejor día.

Ahora viene la parte más importante: reescribir la identidad en acciones observables. Porque la identidad no cambia con declaraciones; cambia con evidencia. El cerebro cree lo que repites, pero lo que repites en forma de conducta, no en forma de deseo. Por eso, en lugar de decir "quiero ser rico" o "quiero ahorrar", te conviene construir frases de identidad que se puedan comprobar: "Soy alguien que…". Y ese "soy alguien que" no debe ser heroico; debe ser medible y sostenible.

"Soy alguien que separa una parte de lo que entra antes de tocarlo." Eso es identidad en acción. No depende de motivación, depende de un orden. "Soy alguien que invierte de forma regular, aunque sea poco, porque entiendo el juego del tiempo." Eso es identidad. "Soy alguien que aprende antes de apostar." Eso es identidad. "Soy alguien que negocia con respeto, sin disculparse por pedir lo justo." Eso es identidad. "Soy alguien que revisa sus números una vez por semana para no vivir en fantasías." Eso es identidad. No hay magia: hay repetición que te convierte en quien dices ser.

Fíjate en algo: estas identidades no hablan de cantidad. Hablan de proceso. Y ahí está la potencia. Porque cuando tu identidad se define por procesos, tu progreso no depende de un golpe de suerte ni de un ingreso extraordinario. Depende de lo que haces con lo que tienes. Y eso te devuelve poder. La gente que construye riqueza real no espera a "ganar más" para comportarse como alguien que cuida su futuro. Se comporta primero, y ese comportamiento crea el resultado.

Para que esto sea real, tu identidad tiene que incluir cuatro verbos que suelen incomodar: ahorrar, invertir, aprender y negociar. Ahorrar no como castigo, sino como acto de respeto hacia tu yo futuro. Invertir no como apuesta, sino como participación en el crecimiento a largo plazo. Aprender no como hobby, sino como protección contra errores caros. Negociar no como confrontación, sino como claridad: poner precio a tu valor y límites a tu tiempo.

Si eres impulsivo, tu frase puede ser: "Soy alguien que espera 24 horas antes de compras no esenciales." Si eres acumulador, puede ser: "Soy alguien que usa el dinero para comprar tranquilidad real: salud, descanso, oportunidades, no solo saldo." Si eres salvador: "Soy alguien que ayuda con límites, sin rescates que me hundan." Si eres apostador: "Soy alguien que solo arriesga lo que puedo perder sin romperme, y solo en lo que entiendo." Si eres evitador: "Soy alguien que mira su realidad con valentía una vez por semana, aunque incomode." Cada una de estas frases tiene una consecuencia práctica. Y esa consecuencia, repetida, va a reeducar tu cerebro.

Lo curioso es que, cuando cambias identidad, cambian decisiones sin que tengas que pelear tanto. Porque ya no estás debatiendo cada gasto como si fuera un juicio moral. Solo estás actuando en coherencia con quien decidiste ser. Y cuando esa coherencia se vuelve tu norma, la vida se simplifica. No por falta de problemas, sino por falta de autoengaños.

Este capítulo se llama "El dinero sigue a la identidad" porque el dinero tiende a fluir hacia la consistencia. La identidad consistente crea hábitos consistentes. Los hábitos consistentes crean resultados previsibles. Y los resultados previsibles, con tiempo, se convierten en patrimonio. Si hoy sientes que tu relación con el dinero es caótica o frágil, no empieces por un plan perfecto. Empieza por una identidad simple, observable, repetible. El cambio no ocurre cuando te prometes algo enorme; ocurre cuando te conviertes, de manera silenciosa, en alguien que cumple pequeñas reglas incluso cuando nadie aplaude. Ahí empieza la riqueza real: donde nadie te ve, pero tú sí.

1.2 La trampa del "cuando tenga X"

Hay una frase que suena madura, pero suele ser una coartada elegante: "cuando tenga X, empiezo". Cuando gane más, cuando el negocio se estabilice, cuando termine este mes raro, cuando pague esa deuda, cuando tenga tiempo, cuando la vida se calme. El problema no es que esas condiciones no existan; el problema es que el cerebro las usa como puerta giratoria. Apenas alcanzas una, aparece otra. Y mientras tanto, la decisión difícil —la que realmente te cambia la trayectoria— queda aplazada en nombre de una prudencia que, en el fondo, es miedo.

La mente humana está diseñada para ahorrar energía y evitar dolor. Tomar decisiones financieras conscientes exige fricción: mirar números, tolerar incomodidad, renunciar a un placer inmediato, aceptar que no todo se puede ahora. En cambio, comprar alivio instantáneo es sencillo, rápido y socialmente aceptado. Nadie te aplaude por no gastar. Nadie te da una medalla por separar dinero antes de tocarlo. Pero un click sí te da una recompensa inmediata, aunque luego llegue la factura emocional. Por eso la trampa del "cuando tenga X" funciona tan bien: convierte la disciplina en un proyecto futuro, y el alivio en una costumbre presente.

El cerebro posterga por dos razones principales. La primera es la aversión a la pérdida: cualquier renuncia se siente como perder algo, incluso si en realidad estás comprando libertad futura. Separar dinero hoy se percibe como "me quito opciones", aunque sea exactamente lo contrario. La segunda es la necesidad de coherencia emocional: si hoy estás estresado, tu mente busca algo que te devuelva sensación de control o de recompensa. Y el consumo es una herramienta perfecta para eso: te da control inmediato, te da identidad instantánea, te da una historia para contar. Es una solución rápida a un problema lento. Solo que, cuando conviertes esa solución rápida en hábito, tu futuro empieza a pagar el costo.

El "cuando tenga X" no vive solo en el gasto. Vive también en lo que no haces. "Cuando gane más, invierto." "Cuando sepas más, empiezo." "Cuando esté listo, negocio." Y entonces pasan los meses y sigues en la misma orilla, esperando un estado emocional imposible: certeza total. Pero la vida financiera real no se construye con certeza total; se construye con decisiones repetibles en condiciones imperfectas. La gente que crea patrimonio no se caracteriza por "sentirse lista". Se caracteriza por actuar con un plan sencillo incluso cuando no tiene ganas.

Por eso, el cambio más poderoso es sustituir metas por estándares. Las metas son seductoras porque te prometen un final. "Ahorraré X al año." "Invertiré cuando alcance tal cifra." "Dejaré de gastar cuando me suban el sueldo." Los estándares, en cambio, son incómodos porque te piden coherencia hoy. No dependen del estado del mundo; dependen de tu identidad. Un estándar es una regla de vida: "Siempre separo el 20% antes de gastar." "Siempre reviso mis números el mismo día." "Siempre decido mis gastos grandes con 48 horas de espera." "Siempre invierto una cantidad fija, aunque sea pequeña." Los estándares no te emocionan, pero te protegen. Y lo más importante: te convierten en alguien confiable para ti mismo.

Esta diferencia parece semántica, pero es estructural. Una meta puede celebrarse una vez; un estándar te sostiene siempre. Una meta depende del resultado; un estándar depende del proceso. Y la riqueza real es un producto del proceso. Cuando dices "cuando gane más empiezo", estás diciendo, sin querer, que tu comportamiento depende del ingreso. Es como afirmar que aprenderás a nadar solo cuando el agua esté baja. La lógica se rompe. Porque si hoy no tienes el hábito, mañana el hábito tampoco aparecerá por arte de magia: aparecerá si lo diseñas.

Aquí entra una idea que te conviene abrazar cuanto antes: la riqueza necesita un "mínimo viable". No el mínimo para sobrevivir, sino el mínimo para avanzar incluso en meses malos.

Un conjunto de hábitos que no dependen del ingreso porque dependen de la estructura. Si tu sistema solo funciona cuando todo va bien, no es un sistema: es un deseo.

Un mínimo viable de riqueza empieza por lo básico: separar una parte fija de lo que entra, aunque no sea grande. Si hoy no puedes 20%, no importa; importa la dirección. Porque la dirección crea identidad. Separar un porcentaje pequeño te entrena a vivir por debajo de lo que ganas, y ese entrenamiento vale más que el número. Otro mínimo viable es automatizar lo que puedas: si tienes que "recordar" cada mes que debes ahorrar o invertir, estás dejando tu futuro a merced del cansancio. Y el cansancio gana muchas veces. Automatizar no es un truco financiero; es un acto de humildad: reconocer que no siempre estarás motivado.

También es mínimo viable tener una regla para el gasto impulsivo. No para volverte rígido, sino para no ser rehén de tus emociones. Una regla simple —esperar 24 horas, o anotar la compra y revisarla al día siguiente— cambia más de lo que parece. Porque interrumpe el circuito de alivio instantáneo. Te devuelve elección. Y una vida con elección es una vida con poder.

Otro mínimo viable es aprender de manera constante, aunque sea poco. La ignorancia financiera cuesta caro, pero no siempre de forma inmediata. A veces se paga en oportunidades perdidas, en contratos mal negociados, en decisiones tomadas por ansiedad. Aprender no tiene que ser académico; tiene que ser práctico: entender tu flujo de caja, tus impuestos, tu riesgo, tu horizonte de tiempo. La riqueza es una disciplina de claridad.

Y el último mínimo viable, que la gente suele evitar, es la revisión periódica. Mirar tus números una vez a la semana o una vez al mes no es obsesión; es conciencia. La evitación convierte pequeños problemas en grandes incendios. La revisión convierte incertidumbre en decisiones. Si tu mente teme mirar, es precisamente por eso que debes construir el hábito: no para castigarte, sino para dejar de vivir en fantasías.

Cuando sustituyes el "cuando tenga X" por estándares y por un mínimo viable, pasa algo interesante: el futuro deja de ser una promesa y se vuelve una práctica. Ya no esperas el momento ideal. Te conviertes en alguien que construye margen en cualquier estación. Y esa persona, tarde o temprano, atrae más oportunidades. No por magia, sino porque la gente confiable — contigo y con los demás— suele decidir mejor.

1.3 Valores que pagan dividendos

Hay decisiones financieras que parecen racionales, pero en realidad son emocionales. Y hay decisiones emocionales que se vuelven racionales cuando están alineadas con valores. La diferencia es enorme. Cuando gastas para calmar una herida, el alivio dura poco y el costo dura mucho. Cuando gastas para honrar un valor, el gasto se convierte en inversión en tu vida. Por eso, después de identidad y estándares, toca lo que sostiene todo: tus valores.

Decir "mis valores son importantes" es fácil. Lo difícil es traducirlos a reglas financieras concretas. Los valores que pagan dividendos no son los que declaras en una conversación bonita; son los que se notan en tu calendario y en tus movimientos bancarios. Son los que se convierten en límites. Porque un valor sin límite es solo una preferencia.

La invitación aquí es a clarificar cinco valores no negociables. Cinco. No quince. Cinco que realmente te importen, incluso cuando te cueste. Puede ser salud, familia, libertad, aprendizaje, contribución, excelencia, fe, creatividad, aventura, calma, honestidad. No hay una lista correcta. Lo importante es que sean tuyos y que no sean palabras vacías. Un valor no negociable es aquel que, si lo traicionas, lo pagas con una sensación de ruptura interna. No necesariamente con culpa moral, sino con incoherencia: te sientes menos tú.

Ahora viene el paso que cambia el juego: traducir esos valores a reglas financieras. Si tu valor es salud, una regla podría ser: "Pago mi bienestar antes que mi estatus." Eso puede significar invertir en comida de calidad, sueño, terapia, entrenamiento o chequeos, y recortar gastos que solo compran apariencia. Si tu valor es libertad, una regla podría ser: "Priorizo el colchón de seguridad y la reducción de compromisos fijos." Si tu valor es aprendizaje: "Cada mes invierto en formación práctica y reviso qué aprendí." Si tu valor es familia: "Bloqueo tiempo y presupuesto para experiencias significativas, no para regalos impulsivos." Si tu valor es integridad: "No hago trampas financieras que me quitan paz, aunque parezcan convenientes."

Estas reglas convierten valores en estructura. Y la estructura es lo que evita que vivas en reacción. Porque, sin estructura, el mercado decide por ti. La presión social decide por ti. El algoritmo decide por ti. Te empuja hacia lo que se ve, hacia lo que se presume, hacia lo que genera comparación. Y entonces tus finanzas se vuelven un escenario, no una herramienta.

Para afinar aún más tu brújula, necesitas distinguir entre placer, propósito y prestigio. Parecen similares porque los tres pueden sentirse "bien", pero cada uno tiene un precio distinto y una consecuencia distinta.

El placer es inmediato. Es legítimo y necesario, pero es peligroso si se vuelve anestesia. El placer te recarga cuando está elegido; te vacía cuando está usado como escape. El propósito es más lento, pero más profundo: es gastar o invertir en lo que construye vida a largo plazo, aunque no sea glamoroso. El prestigio es social: es gastar para comunicar algo sobre ti. A veces puede tener un retorno profesional, sí, pero muchas veces es solo un peaje de pertenencia. El prestigio no siempre es malo, pero es carísimo si lo compras sin control, porque nunca se siente completo. Siempre hay alguien con más. Siempre hay una tendencia nueva. Siempre hay un estándar que te empuja.

Si tú no distingues estas tres fuerzas, vas a gastar con la mezcla equivocada. Vas a llamar "propósito" a lo que es prestigio. Vas a llamar "merecimiento" a lo que es ansiedad. Vas a llamar "inversión" a lo que es impulso. Y entonces vuelves a la trampa: ingreso alto, patrimonio bajo, paz escasa.

Construir una brújula significa decidir por adelantado cómo vas a gastar. No cuánto exactamente en cada rubro, sino con qué intención. La intención es el filtro. Gastar con intención no es gastar menos; es gastar mejor. Es preguntarte, antes de comprar: "¿Esto alimenta mi vida o alimenta mi imagen?" "¿Esto resuelve una necesidad real o compra una emoción momentánea?" "¿Esto me acerca a mi libertad o me ata a un costo fijo?" "¿Esto está alineado con mis valores o con mi comparación social?"

La ansiedad social es una de las fuerzas más invisibles y más caras. Te empuja a "estar al día" para no sentirte fuera. Te hace gastar para evitar incomodidad: en cenas que no quieres, en viajes que no puedes sostener, en objetos que no usas, en marcas que prometen estatus. El problema no es la cena ni el viaje ni la marca; el problema es el motivo. Si lo haces desde deseo genuino y dentro de tus reglas, perfecto. Si lo haces desde miedo a quedar atrás, estás pagando por pertenencia con tu futuro. Y eso se cobra con intereses.

Cuando tus valores son claros y están traducidos a reglas, ocurre algo valioso: tus decisiones dejan de ser un debate interminable. Porque ya no decides caso por caso bajo presión. Decides desde un marco. Ese marco te da calma. Y la calma, en finanzas, es un superpoder. La gente no suele arruinarse por falta de conocimiento; suele arruinarse por decisiones tomadas en tormenta emocional.

Al final, este capítulo no trata de moral. Trata de dirección. Tu identidad define tus hábitos. Tus hábitos, sostenidos, definen tu resultado. Y tus valores definen si ese resultado se siente como riqueza o como una jaula elegante. Puedes tener mucho y sentirte atrapado, o tener suficiente y sentirte libre. La diferencia está en la mente que decide, en los estándares que sostienen, y en la brújula que guía.

Si cierras estas páginas con una idea práctica, que sea esta: no esperes a "tener X" para actuar como la persona que quieres ser. Elige tus estándares, define tu mínimo viable y deja que tus valores te protejan de gastar por ansiedad. La riqueza real se construye cuando tu vida interna manda más que la presión externa. Y esa es una victoria silenciosa, pero enorme.

Capítulo 2 — Decide mejor: la riqueza es una habilidad de juicio

2.1 Sesgos que vacían carteras sin pedir permiso

Si alguna vez te has preguntado por qué gente inteligente toma decisiones económicas que, desde fuera, parecen absurdas, la respuesta rara vez es "no sabe matemáticas". Lo más común es algo más humano y más difícil de detectar: sabe, pero decide mal cuando importa. Y decide mal no por falta de capacidad, sino por la forma en que su mente filtra la realidad. La riqueza, en la práctica, no es solo una habilidad de producir dinero; es una habilidad de juicio. Es la capacidad de evaluar opciones, resistir impulsos, calibrar riesgos y sostener decisiones coherentes en medio de ruido, presión y emociones. Por eso, antes de hablar de inversiones, negocios o estrategias, hay que mirar al verdadero ladrón silencioso: los sesgos.

Un sesgo no es una locura ni un defecto moral. Es un atajo mental. Un mecanismo que tu cerebro usa para tomar decisiones rápidas con poca energía. Ese atajo funciona bien para cruzar la calle o elegir qué comer, pero se vuelve peligroso cuando se mete en decisiones de alto impacto: una compra grande, una inversión, un cambio de trabajo, una deuda, un compromiso fijo. El sesgo es "automático": no pide permiso. No llega anunciándose. Simplemente toma el volante un momento, y ese momento puede costarte años. Por eso la metáfora correcta no es "voy a eliminar mis sesgos". Nadie los elimina. La meta real es reconocerlos a tiempo y construir barreras simples para que no te gobiernen.

Hay tres sesgos que aparecen con una frecuencia brutal en la vida financiera diaria. No son teóricos; se disfrazan de normalidad. Y, precisamente por eso, son tan caros.

El primero es el sesgo de presente: elegir hoy aunque destruya mañana. Tu cerebro valora más lo inmediato que lo futuro. No porque seas débil, sino porque tu mente está diseñada para sobrevivir en un entorno donde lo inmediato importaba: comer, descansar, protegerse. El problema es que tu economía moderna se juega en el largo plazo. Y cuando el sesgo de presente manda, el futuro pierde siempre.

Este sesgo se presenta como frases suaves: "Me lo merezco", "Solo esta vez", "La vida es ahora", "Ya compensaré el mes que viene". Su truco es que convierte una decisión aislada en algo emocionalmente "justo". Y como parece justo, no lo cuestionas. Pero el costo real no está en la compra de hoy; está en el patrón. Si hoy compras alivio, mañana tu mente lo pedirá de nuevo. Si hoy rompes tu estándar, mañana será más fácil romperlo otra vez. El sesgo de presente no te vacía por un gran error, te vacía por mil pequeñas concesiones.

La trampa más cruel del sesgo de presente es que te hace confundir "sentirte bien" con "ir bien". Puedes sentirte bien por gastar y, sin embargo, estar debilitando tu libertad. Puedes sentirte bien por evitar un número incómodo, y aun así estar dejando que ese número crezca. Puedes sentirte bien por elegir lo fácil, y estar renunciando a una vida con opciones. La mente que construye riqueza aprende una habilidad simple: tolerar el pequeño malestar de hoy para evitar el gran sufrimiento de mañana. No es heroísmo; es entrenamiento. Y ese entrenamiento no se logra una vez: se practica.

El sesgo de presente también opera al revés, de forma más sutil: cuando pospones lo importante porque "no es urgente". Invertir, aprender, revisar gastos, negociar una tarifa, crear un colchón.

Nada de eso es urgente hoy. Pero todo eso es decisivo mañana. Tu cerebro, programado para urgencias, lo pone al final. Y el final nunca llega. Así se construye una vida financiera reactiva: apagando incendios, pagando prisas, comprando soluciones rápidas.

El segundo sesgo es el de confirmación: buscar "expertos" que validen tus ganas de comprar. Aquí la mente hace algo brillante y peligroso: en lugar de buscar la verdad, busca tranquilidad. Cuando deseas algo, tu cerebro empieza a seleccionar información que apoye ese deseo. No lo hace con maldad; lo hace para reducir conflicto interno. Porque el conflicto cansa. Y, si ya quieres comprar, invertir o apostar, encontrar a alguien que diga "sí, hazlo" se siente como alivio.

En el mundo moderno, este sesgo tiene gasolina infinita. Siempre habrá un video, un hilo, un "analista", un amigo, un foro, una comunidad dispuesta a darte argumentos a favor. Si quieres creer que un gasto es "inversión", encontrarás la forma de llamarlo así. Si quieres creer que una inversión sin entender es una "oportunidad única", encontrarás al gurú que la nombra con palabras bonitas. El sesgo de confirmación no te roba dinero de frente; te roba pensamiento crítico. Y sin pensamiento crítico, tu cartera se vuelve un blanco fácil.

El mecanismo es casi cinematográfico. Primero aparece una emoción: deseo, FOMO, ambición, envidia, esperanza. Luego aparece una historia: "Esta es mi salida", "Esto me pondrá por delante", "Si no entro ahora, pierdo el tren". Después, tu mente busca pruebas, pero no pruebas en general: pruebas a favor. Ignoras datos que contradicen, minimizas riesgos, atacas a quien duda, idealizas a quien promete. Y, por último, te sientes "informado". Ese es el peligro: la sensación de estar informado cuando en realidad estás confirmado.

La forma más común del sesgo de confirmación no es seguir a un estafador evidente. Es seguir a alguien que dice verdades parciales. Personas que saben mucho de un tema, pero cuyo incentivo es mantenerte enganchado. O amigos bienintencionados que comparten su experiencia sin ver tu contexto. O tu propio ego, que quiere sentirse listo, especial, visionario. El sesgo de confirmación convierte tu deseo en argumento. Y así se toman decisiones con apariencia racional, pero nacidas de una emoción sin revisar.

El tercer sesgo es la aversión a la pérdida: no vender lo que ya está muerto por no "aceptar" el error. Este es quizás el más doloroso, porque no se siente como impulsividad. Se siente como paciencia, como lealtad, como aguante. Pero muchas veces es orgullo disfrazado de esperanza. La aversión a la pérdida hace que el dolor de perder algo sea psicológicamente más fuerte que la alegría de ganar lo mismo. Por eso, cuando una inversión, un negocio o incluso un objeto caro pierde valor, tu mente se resiste a cerrar el ciclo. Prefiere mantenerlo y decir "ya se recuperará" antes que aceptar "me equivoqué".

El problema es que el mercado no negocia con tu orgullo. Un activo no revive porque tú no quieras mirar su funeral. Un proyecto no se vuelve rentable porque tú insistas emocionalmente. Y un error no se convierte en acierto por el simple paso del tiempo. A veces sí, claro: algunas cosas se recuperan. Pero la aversión a la pérdida te impide distinguir entre recuperación probable y fantasía. Te ata a lo que ya no tiene vida, y mientras estás atado, pierdes oportunidades mejores. El costo no es solo lo que ya perdiste; es lo que dejas de ganar por seguir defendiendo el pasado.

Este sesgo también se aplica a cosas que no son inversiones tradicionales. Se aplica a suscripciones que mantienes "por si acaso", a objetos que no usas pero no vendes porque "me costó caro", a un estilo de vida que te aprieta pero sostienes porque "ya lo construí", a un negocio que no funciona pero sigues alimentando porque "le he metido tanto". Esa frase "ya le he metido tanto" es la firma del sesgo. El pasado se convierte en cadena. Y la riqueza real exige una habilidad que pocos entrenan: cortar pérdidas a tiempo sin convertirlo en un juicio personal.

Aquí hay un punto clave: estos sesgos se fortalecen cuando estás emocionalmente drenado. Cansancio, estrés, inseguridad, presión social, comparación. Es difícil decidir bien cuando estás a la defensiva. Por eso, hablar de juicio no es hablar solo de lógica; es hablar de contexto interno. Si tu vida está llena de ruido, tu mente buscará decisiones rápidas. Si te sientes insuficiente, buscarás compras que te den identidad. Si sientes miedo, buscarás certezas falsas. Los sesgos aprovechan tu fragilidad, no porque seas débil, sino porque eres humano.

La buena noticia es que el juicio se entrena. No con teorías largas, sino con pequeñas prácticas de conciencia. La primera práctica es nombrar el sesgo cuando aparece. "Esto es presente." "Esto es confirmación." "Esto es aversión a la pérdida." Ponerle nombre baja su poder. Porque lo que no se nombra, te gobierna desde la sombra. La segunda práctica es revisar el motivo real: "¿Estoy eligiendo esto por valor o por alivio?" "¿Estoy buscando información o permiso?" "¿Estoy sosteniendo esto por estrategia o por ego?" Estas preguntas parecen simples, pero cortan el autoengaño.

Y la tercera práctica, quizás la más transformadora, es aceptar que decidir bien no es un evento. Es una identidad. La persona que construye riqueza no es la que nunca cae en sesgos; es la que cae menos tiempo. La que se da cuenta antes. La que se perdona rápido y corrige. La que no confunde un error con su valor personal. Porque si conviertes cada error en vergüenza, tu mente querrá evitar mirar, y entonces repites. Si conviertes el error en información, mejoras.

Piensa en esto como un músculo. Cada vez que eliges posponer un placer pequeño para proteger un objetivo grande, entrenas tu resistencia al sesgo de presente. Cada vez que buscas una opinión contraria en lugar de un aplauso, entrenas tu libertad frente al sesgo de confirmación. Cada vez que cierras una pérdida con calma y rediriges energía, entrenas tu madurez frente a la aversión a la pérdida. No necesitas ser perfecto. Necesitas ser consistente.

Este capítulo se llama "Decide mejor" porque, al final, la riqueza es el resultado acumulado de decisiones bajo incertidumbre. Los números importan, sí. Pero la mente que maneja esos números importa más. Si tus sesgos deciden por ti, tu dinero se irá sin pedir permiso. Si tu juicio recupera el volante, incluso decisiones pequeñas empiezan a inclinar la balanza a tu favor. Y ese es el verdadero lujo: no tener que ganar siempre, sino saber decidir de una manera que, con el tiempo, te haga inevitable.

2.2 El arte de decidir con información incompleta

La mayoría de las decisiones que realmente mueven tu vida no se toman con el tablero completo. Se toman con datos parciales, con tiempo limitado y con emociones encima. Esperar certeza es una fantasía cómoda: suena responsable, pero suele ser miedo con traje. Por eso, si quieres construir riqueza real, necesitas entrenar el arte de decidir con información incompleta. No como un salto al vacío, sino como una gestión inteligente de riesgos.

El primer cambio de mentalidad es dejar de buscar certezas y empezar a pensar en probabilidades. La vida financiera no es un examen donde hay una respuesta correcta; es un juego donde hay resultados posibles con distintos pesos. Preguntarte "¿esto es seguro?" te mete en una trampa, porque casi nada es seguro. La pregunta útil es otra: "¿qué probabilidad hay de que esto salga bien, qué probabilidad hay de que salga mal, y qué tan grande es cada resultado?" Ahí empieza el juicio. Porque la riqueza no se construye acertando siempre; se construye evitando errores que te destruyen y aprovechando aciertos que te multiplican.

Pensar en probabilidades te obliga a hacer algo que el ego detesta: admitir incertidumbre. Y esa admisión es poder, no debilidad. Cuando aceptas que no controlas todo, te enfocas en lo que sí controlas: tu exposición al riesgo, tu margen, tu capacidad de aguantar, tu disciplina para no jugarte la vida en una sola carta. El gran error de muchos no es perder dinero; es perderlo en un tamaño que los deja fuera del juego. En cambio, quien piensa en probabilidades protege su permanencia. Y permanecer es el superpoder. Si sigues jugando, el tiempo trabaja contigo.

Este enfoque cambia cómo miras las oportunidades. Una inversión o una compra grande deja de ser "me hará rico" o "me arruinará" y se convierte en un abanico de escenarios. ¿Cuál es el peor caso realista? ¿Cuál es el caso medio? ¿Cuál es el mejor caso? ¿Qué tan reversible es la decisión si sale mal? ¿Cuánta energía mental me costará sostenerla? Estas preguntas no son paranoia; son higiene. La gente que decide bien se hace amiga de la incertidumbre, pero no se vuelve imprudente. Aprende a moverse con el riesgo, no a negarlo.

El segundo músculo es el criterio de segunda orden: el famoso "¿y después qué?". Mucha gente decide mirando solo el primer efecto, el impacto inmediato. Compro esto y me siento bien. Invierto aquí y siento que estoy avanzando. Acepto este trabajo y sube mi ingreso. Pero el primer efecto suele ser el más seductor y el menos informativo. El juicio real mira el efecto en cadena. Porque, en finanzas, el costo grande suele llegar después, disfrazado de consecuencias.

"¿Y después qué?" significa: si compro esto, ¿qué mantenimiento exige? ¿Qué compromiso fijo crea? ¿Qué estándar de vida me impone? ¿Qué comparaciones abre? ¿Qué otras compras arrastra? Si me mudo, ¿qué costos invisibles aparecen? Si acepto ese cliente, ¿qué espacio me quita para otros? Si invierto, ¿qué haré si cae un 30%? ¿Me quedaré quieto, venderé en pánico o podré sostener? Si inicio un negocio, ¿qué implica para mi sueño, mi salud, mis relaciones? No es dramatizar; es entender que toda decisión grande tiene cola. Y esa cola es la que define si la decisión fue buena.

El criterio de segunda orden también es un antídoto contra el "barato caro". Algo puede ser barato hoy y costarte en tiempo, estrés, mala calidad o reemplazos. Algo puede ser caro hoy y ahorrarte años de fricción. La mente que decide bien aprende a calcular el precio completo: dinero, tiempo, energía, atención y paz mental. Porque la atención es un recurso limitado, y muchas decisiones "financieramente razonables" son emocionalmente ruinosas si te consumen por dentro.

Además, el "¿y después qué?" te ayuda a detectar decisiones que parecen progreso pero son solo movimiento. Por ejemplo, subir ingresos puede ser excelente... o puede ser una escalera hacia una vida más cara, más intensa, más dependiente. Si el aumento trae una vida sin margen, entonces el beneficio es parcial. La pregunta de segunda orden revela si estás comprando libertad o solo comprando una jaula más bonita. Y esto importa porque el objetivo final no es ganar; es ganar de una forma que te deje vivir.

Ahora bien, ¿cómo haces esto sin convertirte en alguien que sobrepiensa hasta la parálisis? Con un recurso simple: una checklist anti-impulso. No una lista eterna ni un ritual complejo, sino un pequeño conjunto de preguntas que se convierten en freno automático cuando el deseo está al volante. El objetivo de una checklist no es impedir que decidas; es impedir que decidas en trance.

Tu checklist debe funcionar tanto para compras como para inversiones, porque en ambos casos el cerebro juega el mismo juego: busca emoción y luego la justifica con argumentos. Una buena checklist te devuelve claridad en cinco minutos. Te obliga a bajar el ritmo, a nombrar el motivo y a medir el impacto real. No necesitas cien criterios; necesitas los que más te protegen.

Piensa en esto: si una decisión es importante, merece un proceso. Y si una decisión no merece un proceso, probablemente no es tan importante. La checklist es el puente entre la inteligencia y la conducta. Es la herramienta que hace que tu juicio no dependa del humor del día.

Cuando la tengas, úsala como se usa un cinturón de seguridad: no porque planees chocar, sino porque entiendes que eres humano. Habrá días de cansancio, días de presión, días de euforia. En esos días, tu checklist es tu yo lúcido protegiendo a tu yo emocional. Y eso, repetido, construye riqueza.

2.3 La disciplina no es fuerza: es diseño

La mayoría de la gente se promete disciplina como si fuera una cualidad moral. "Tengo que ser más constante." "Tengo que controlarme." "Tengo que dejar de gastar." Y se castiga cuando falla. Pero la disciplina real rara vez es un acto de fuerza heroica; es un acto de diseño inteligente. Diseñas el entorno para que lo correcto sea fácil y lo caro sea difícil. Diseñas tus decisiones para que no se jueguen cada día. Diseñas tu vida para no depender de tu mejor versión, sino de tu versión normal.

El error típico es creer que el problema es la falta de voluntad. La voluntad es limitada. Se gasta con el trabajo, el estrés, el sueño, las emociones, los conflictos. Si tu plan financiero necesita voluntad infinita, está roto desde el principio. La solución no es "ser más fuerte"; la solución es reducir la fricción para lo correcto y aumentar la fricción para lo que te roba.

Reducir fricción para lo correcto es automatizar. Automatizar ahorros, automatizar inversiones, automatizar pagos esenciales, automatizar transferencias. No por pereza, sino por respeto a tu atención. Cada vez que automatizas una decisión buena, liberas energía mental para decisiones verdaderamente importantes. Y, además, evitas el autoengaño del "lo hago luego". El "luego" es el lugar donde mueren los planes. Automatizar convierte la intención en realidad sin negociación diaria.

Aumentar fricción para lo caro es poner bloqueos. No tiene que ser algo extremo; tiene que ser suficiente para romper el impulso. Quitar tarjetas guardadas, limitar compras con una segunda verificación, separar cuentas, reducir exposición a estímulos que te disparan gasto. La fricción es una pausa involuntaria, y esa pausa es oro. Porque la mayoría de los gastos impulsivos no sobreviven a diez minutos de calma. La fricción no te quita libertad; te devuelve elección.

Aquí entran las reglas de pausa: 24 a 72 horas para compras no esenciales. Esta regla es simple, pero es poderosa porque combate el sesgo de presente desde el cuerpo. El deseo es un pico; si lo dejas pasar, baja. Cuando te obligas a esperar, descubres qué era deseo genuino y qué era necesidad de alivio. Y, sobre todo, entrenas una identidad: "soy alguien que no compra en caliente". No suena épico, pero cambia tu vida. La gente rica en paz —no solo en dinero— suele tener esa habilidad: no decide cuando está acelerada.

La regla de pausa también protege tus inversiones. Muchas pérdidas nacen de la misma dinámica: emoción, urgencia, narrativa, click. Esperar 48 horas antes de entrar en algo te permite hacer dos cosas: revisar si realmente entiendes lo que vas a hacer y observar si tu motivación era FOMO. La mayoría de las "oportunidades irrepetibles" siguen ahí dos días después. Y si no están, quizá era mejor que no estuvieran. Una decisión que exige prisa suele exigirla por una razón: quiere saltarse tu juicio.

El tercer pilar del diseño es "decide una vez". La gente se cansa porque decide lo mismo todo el tiempo: cuánto ahorrar, cuánto gastar, cuánto invertir, cuánto donar, cuánto permitir como ocio. Y cada vez que lo decide, gasta energía y se expone a emociones. "Decidir una vez" significa crear políticas personales: porcentajes y reglas que funcionan como piloto automático.

Cuando tienes políticas, tu vida deja de ser un debate continuo. Entra dinero y ya sabes qué pasa: una parte va a ahorro, una parte a inversión, una parte a obligaciones, una parte a ocio, una parte a generosidad si es importante para ti. No tienes que negociar cada mes contigo mismo. No tienes que jugar al "este mes sí, este mes no". Una política buena no es rígida; es estable. Te da coherencia sin asfixiarte.

Estas políticas también te protegen de la identidad prestada. Porque mucha gente gasta según el ambiente: si está con personas que gastan, gasta; si está con gente austera, se contiene. Eso es vivir sin brújula. Con políticas claras, la presión social pierde poder. No porque te vuelvas inmune, sino porque tienes un marco al que volver. Tu marco te recuerda quién eres y qué estás construyendo.

Diseñar disciplina también significa diseñar tus momentos de revisión. Un día fijo para mirar números. Un momento fijo para ajustar. Un ritual breve para revisar decisiones grandes. La constancia nace de la repetición en el mismo contexto. Cuando algo tiene un lugar y una hora, ocurre más. Cuando depende de "cuando pueda", ocurre menos. Esto aplica a dinero como aplica a salud: la rutina es un multiplicador silencioso.

Al final, este capítulo te está empujando hacia una idea clara: decidir bien no es un talento, es una estructura. Y esa estructura se compone de probabilidades, pensamiento de segunda orden, checklists, automatizaciones, fricciones y políticas personales. No necesitas ser un monje de la disciplina. Necesitas un sistema que te sostenga cuando estás normal, distraído o emocional. Porque la vida será así muchas veces.

Si de verdad quieres riqueza, deja de idolatrar la fuerza de voluntad y empieza a respetar el diseño. El diseño te protege sin drama. Te hace consistente sin que tengas que ser perfecto. Y la consistencia, con el tiempo, crea lo que la mayoría llama "suerte": resultados que parecen repentinos, pero que fueron construidos por decisiones pequeñas, repetidas con juicio, cuando nadie estaba mirando.

Capítulo 3 — Tu entorno te programa: arquitectura de hábitos de riqueza

3.1 Higiene mental: lo que consumes te consume

Hay una verdad incómoda que explica por qué tanta gente se esfuerza y aun así repite los mismos patrones con el dinero: el entorno decide más que la intención. Puedes tener metas claras, puedes incluso entender qué deberías hacer, pero si tu día a día está diseñado para empujarte hacia el ruido, la comparación y el impulso, vas a caer una y otra vez en decisiones pequeñas que, acumuladas, vacían tu margen. Y lo peor es que no se siente como sabotaje; se siente como vida normal. Por eso este capítulo no empieza con números, empieza con higiene mental. Porque lo que consumes te consume. Lo que dejas entrar en tu mente termina diseñando tus deseos, tu tolerancia a la incomodidad y tu forma de gastar.

La higiene mental, aplicada a la riqueza, es aprender a filtrar. No desde una postura rígida ni moralista, sino desde una lógica simple: tu atención es limitada y tu paz es un activo. Si dejas tu atención abierta, el mundo la llena con estímulos que no están diseñados para tu libertad, sino para tu consumo. No solo consumo de productos; consumo de emoción, de indignación, de envidia, de urgencia. Y cuando vives en ese estado, tus decisiones financieras se vuelven reactivas. No gastas por necesidad real; gastas por estados internos que necesitan alivio, identidad o pertenencia.

Todo empieza con una dieta informativa. La palabra "dieta" no es casual. Igual que con la comida, no todo lo que apetece nutre.

Puedes pasar el día "comiendo" información y terminar más vacío, más ansioso y más impulsivo. La dieta informativa moderna suele ser ultraprocesada: titulares que buscan impacto, contenido que polariza, vídeos que te prometen atajos, opiniones presentadas como hechos. Ese tipo de consumo no te vuelve más sabio; te vuelve más sensible a estímulos. Te baja el umbral de paciencia. Te acostumbra a recompensas rápidas. Y una mente entrenada para recompensas rápidas es una mente que sufre cuando debe esperar resultados financieros.

Menos ruido y más aprendizaje accionable no significa volverte un ermitaño ni renunciar al entretenimiento. Significa algo más inteligente: dejar de confundir información con progreso. Muchas personas se sienten productivas porque consumen contenido sobre finanzas, negocios o "mentalidad", pero su vida no cambia. Se informan, se indignan, se inspiran… y al día siguiente hacen lo mismo. ¿Por qué? Porque el ruido ocupa el espacio de la acción. La mente se siente satisfecha por la sensación de saber, y esa sensación sustituye el acto de hacer.

El aprendizaje accionable es distinto. No busca estimularte; busca darte una palanca. Te deja una decisión concreta. Te mejora una pregunta. Te enseña un criterio que puedes usar hoy. Si al terminar un contenido no puedes responder "¿qué haré diferente ahora?", probablemente fue ruido. Y el ruido tiene un costo oculto: te dispersa. Te deja la sensación de que el mundo se mueve tan rápido que tú siempre vas tarde. Y esa sensación alimenta uno de los motores más caros del gasto: la urgencia por "ponerte al día".

La dieta informativa también afecta tu autopercepción. Si te expones constantemente a historias de éxito sin contexto, tu mente empieza a medir su valor con estándares irreales. Ves picos, no procesos. Ves resultados editados, no decisiones repetidas. Y entonces te entra prisa. La prisa es mala consejera financiera. Te empuja a comprar cursos por ansiedad, a invertir por FOMO, a gastar para sentirte "en el juego". Por eso, cuidar lo que consumes es una forma de cuidar tu juicio.

Ahora bien, incluso si mejoras tu dieta informativa, hay otra puerta por donde se escapa el dinero: los desencadenantes de gasto. La mayoría de las decisiones de gasto impulsivo no nacen en la tienda; nacen antes, en tu estado interno. El dinero sale cuando se activa un patrón. Y ese patrón suele estar vinculado a cuatro disparadores muy comunes: estrés, aburrimiento, recompensa y comparación.

El estrés es el disparador más habitual y, a la vez, el más invisible. Cuando estás estresado, tu mente busca control. El consumo ofrece una ilusión de control: eliges, compras, llega un paquete, sientes un pequeño pico de alivio. No compras el objeto; compras el cambio de estado. Y como el alivio dura poco, el patrón se repite. El estrés también reduce tu capacidad de pensar a largo plazo. Te hace elegir lo inmediato porque el sistema nervioso quiere quitar presión rápido. Si no aprendes a regular el estrés, el dinero se convierte en regulador emocional. Y eso es carísimo.

El aburrimiento funciona de forma parecida, pero con otra emoción: la falta de estímulo. Cuando te aburres, tu mente busca novedad. La novedad se ha convertido en una industria. Y la forma más rápida de comprar novedad es comprar algo. Un nuevo gadget, una nueva ropa, una nueva experiencia. El aburrimiento te vende la idea de que tu vida necesita un "upgrade". Y, sin darte cuenta, empiezas a usar el gasto como entretenimiento. No porque seas superficial, sino porque tu entorno te ofrece una salida fácil. Si no creas alternativas, el aburrimiento te factura.

La recompensa es el disparador más socialmente aceptado. "Me lo gané." "Me lo merezco." Hay algo sano en celebrar, pero el problema aparece cuando la recompensa se vuelve automática y frecuente, como si cada esfuerzo exigiera un pago inmediato. Eso crea una economía interna insostenible: trabajas duro y lo compensas gastando, así que nunca acumulas margen. Es como llenar una bañera con el tapón abierto. La recompensa deja de ser un ritual ocasional y se vuelve un mecanismo de supervivencia. Y entonces el dinero no construye futuro; compra pequeñas dosis de alivio.

La comparación es, probablemente, el disparador más peligroso porque se disfraza de "motivación". Te comparas con gente que parece vivir mejor, viajar más, ganar más, tener más. Y aunque racionalmente sabes que no estás viendo la historia completa, tu cuerpo reacciona igual: se activa una sensación de insuficiencia. Esa sensación busca compensación. A veces compensas trabajando más; otras, gastando para parecer "a la altura". La comparación convierte el dinero en maquillaje. Y el maquillaje exige retoques constantes. Por eso la comparación es un impuesto invisible: no se ve como gasto, se ve como "normalidad".

Identificar tus desencadenantes no es un ejercicio psicológico abstracto; es un acto de estrategia. Porque cuando conoces tu disparador, puedes diseñar una respuesta alternativa. Si tu disparador es estrés, necesitas un plan de regulación que no sea gastar: caminar, respirar, entrenar, hablar, escribir, descargar tensión. Si tu disparador es aburrimiento, necesitas una lista de "novedad gratis o barata": aprender algo, cocinar, salir a un lugar cercano, crear, moverte. Si tu disparador es recompensa, necesitas redefinir la recompensa: no siempre se celebra con dinero, a veces se celebra con descanso, con tiempo, con presencia. Si tu disparador es comparación, necesitas reducir exposición a lo que te dispara y aumentar exposición a lo que te centra: gente que construye, no que presume; contenido que enseña, no que provoca.

Y aquí entramos en una decisión que cambia tu arquitectura financiera sin hablar de finanzas: sustituir entretenimiento caro por hábitos que aumentan capital. Capital no es solo dinero. Capital es salud, habilidad y red. Estas tres cosas, juntas, son una fábrica de oportunidades. Y lo interesante es que, cuando inviertes en ellas, el gasto deja de ser fuga y se vuelve palanca.

Invertir en salud no es estética; es rendimiento y claridad. Un cuerpo cansado decide peor. Un sueño roto te vuelve impulsivo. Un sistema nervioso alterado te hace buscar alivio inmediato. La salud, en este sentido, es una herramienta de juicio. Cuando duermes mejor, gastas menos por ansiedad. Cuando entrenas, aumentas tu tolerancia a la incomodidad. Cuando comes bien, tu mente se estabiliza. Esto no es moralismo: es biología. Y la biología se refleja en tu cuenta.

Invertir en habilidad es invertir en poder. La habilidad te permite producir más valor, negociar mejor, elegir proyectos, crear ingresos más altos sin destruirte. Pero también hace algo más sutil: te da identidad sólida. Cuando sabes que puedes aprender y mejorar, te urge menos demostrar con objetos. La habilidad te vuelve menos dependiente del prestigio. Y eso libera recursos, energía y atención. Además, el entretenimiento que desarrolla habilidad tiene un efecto secundario precioso: te deja mejor que como empezaste.

Invertir en red es invertir en contexto. Tu red no es "contactos" fríos; es el ecosistema de personas con las que compartes ideas, oportunidades y estándares. Una red sana te expone a modelos de comportamiento que te elevan sin exigir que aparentes. Te da conversaciones que abren puertas. Te da perspectiva para no tomar decisiones desde la soledad. Y, en términos prácticos, te puede ahorrar errores caros: la recomendación correcta, el consejo oportuno, la alerta que te evita un desastre.

Sustituir entretenimiento caro no significa vivir sin placer. Significa elegir placer que no te empobrezca. Puedes disfrutar sin hipotecar tu futuro. Puedes tener vida social sin pagar el impuesto de pertenencia. Puedes celebrar sin convertirlo en un hábito que te deja sin margen. La clave está en la intención y en el diseño del entorno: si tu entretenimiento está alineado con salud, habilidad o red, estás construyendo incluso cuando "descansas".

La higiene mental es, en el fondo, una forma de recuperar soberanía. Dejar de ser programado por estímulos diseñados para captar tu atención y convertirla en gasto. No se trata de volverte perfecto ni de controlar cada impulso. Se trata de reconocer que tu mente es un terreno fértil: lo que siembras crece. Si siembras ruido, crece prisa. Si siembras comparación, crece ansiedad. Si siembras aprendizaje accionable, crece claridad. Si siembras hábitos que aumentan capital, crece libertad.

Este capítulo te prepara para lo que viene: no construirás hábitos de riqueza solo con intención, sino con arquitectura. Y la primera piedra de esa arquitectura es tu higiene mental. Porque, al final, tu entorno no solo te rodea: te entrena. Y si tú no eliges lo que entra, alguien más lo elegirá por ti.

3.2 Diseño de hábitos con palancas invisibles

La mayoría de las personas cree que los hábitos se cambian con fuerza. Se dicen "tengo que controlarme", "tengo que ser más disciplinado", "tengo que dejar de gastar". Y luego se frustran cuando el impulso gana. Pero los hábitos no se sostienen a punta de pelea diaria. Se sostienen con palancas invisibles: pequeñas decisiones de diseño que hacen que lo correcto sea natural y lo incorrecto se vuelva incómodo. Cuando entiendes esto, dejas de culparte y empiezas a construir un sistema.

La forma más simple de entender un hábito es como un bucle: señal, rutina y recompensa. La señal es el disparador. Puede ser una emoción, una hora del día, un lugar, una notificación, una conversación, incluso una sensación corporal como cansancio. La rutina es lo que haces en respuesta: abrir una app, comprar, picar algo, navegar, comparar precios, "mirar por mirar". La recompensa es lo que tu cerebro obtiene: alivio, novedad, sensación de control, pertenencia, una dosis de dopamina. Ese bucle no existe para arruinarte; existe para regularte. El problema aparece cuando la rutina elegida te vacía dinero o paz.

Reprogramar el bucle no significa eliminar la necesidad que está detrás. Significa darle otra salida. Si intentas cortar el hábito a la fuerza sin tocar la recompensa, tu mente se queda con hambre. Y cuando el cerebro tiene hambre, negocia. Te promete que será "solo hoy", que "mañana sí", que "te lo mereces". Por eso, el camino inteligente no es pelear contra el bucle, sino modificarlo.

Imagina que tu señal es el estrés al final del día. La rutina actual puede ser gastar: pedir comida cara, comprar algo online, planear una escapada impulsiva. La recompensa real no es el objeto; es la sensación de alivio y de premio. Si tú solo intentas "no gastar", estás intentando quitarle a tu mente su calmante sin darle alternativa. Lo más probable es que vuelvas al hábito o lo sustituyas por otro igual de impulsivo. En cambio, si identificas la recompensa, puedes diseñar una rutina que la entregue sin el costo: caminar veinte minutos, ducharte con calma, escribir lo que te pesa, entrenar, llamar a alguien, preparar una cena simple que te dé sensación de cuidado. El bucle se mantiene, pero cambia la salida.

Este es el secreto práctico: no cambias un hábito atacando el acto; lo cambias negociando con el cerebro. Y el cerebro negocia por recompensas. Si la nueva rutina no te da algo agradable, no la repetirá. Por eso, los hábitos de riqueza fallan cuando se construyen con castigo. Mucha gente asocia cuidar el dinero con tensión, con privación, con culpa. Así, su mente lo rechaza. Tu sistema interno aprende: "ahorrar me hace sentir mal". Y si ahorrar se siente mal, tu cerebro buscará compensación después. La consecuencia es un vaivén: restricción y atracón, control y escape.

Aquí entra una palanca invisible decisiva: asociar riqueza con tranquilidad, no con tensión. Tu objetivo no es convertirte en alguien rígido; es convertirte en alguien estable. Si cada vez que ahorras te dices "qué tristeza, no puedo", estás reforzando una identidad pobre aunque guardes dinero. Si, en cambio, cada vez que separas dinero piensas "esto compra mi paz", empiezas a entrenar un vínculo emocional sano. El cerebro no sigue solo la lógica; sigue también el significado.

Por eso funcionan los micro-hábitos. No porque sean "pequeños" y ya, sino porque bajan la fricción y permiten repetición. Cinco minutos diarios pueden cambiar tu yo financiero si están bien elegidos. Un micro-hábito es una acción tan fácil que tu mente no necesita discutir. Y, sin embargo, esa acción envía un mensaje identitario: "soy alguien que cuida su futuro". La repetición construye evidencia. La evidencia construye identidad. Y la identidad, con el tiempo, cambia tu relación con el dinero sin que tengas que estar pensando todo el día.

Cinco minutos diarios pueden ser revisar una cifra concreta, actualizar un registro simple, leer un párrafo útil y aplicarlo, mirar tu saldo con calma, planear una compra del día siguiente en vez de improvisar, o simplemente separar un monto fijo apenas entra dinero. La potencia no está en la complejidad, sino en la continuidad. La continuidad es rara en un mundo de impulsos. Y lo raro se vuelve ventaja.

Otra palanca invisible es el "inicio" del bucle. Si cambias la señal o la reduces, el hábito pierde fuerza. Por ejemplo, si tu señal es una notificación de descuentos, apagarla es una intervención de alto retorno. Si tu señal es estar cansado y con hambre, preparar comida simple con antelación es una intervención de riqueza. Si tu señal es ver contenido que activa comparación, ajustar lo que consumes es literalmente ajustar tu gasto. La gente subestima esto porque suena demasiado básico. Pero la riqueza se construye en lo básico sostenido, no en la teoría elegante.

Hay también una palanca emocional: celebrar lo correcto en el momento correcto. Si haces un buen movimiento financiero y te quedas con sensación de pérdida, tu mente lo registra como castigo. Si lo acompañas con una pequeña recompensa que no rompa tu sistema —algo sencillo, un ritual, un momento de orgullo silencioso— tu cerebro aprende que cuidar el dinero también se siente bien. No porque te vuelvas materialista, sino porque estás entrenando el circuito de recompensa a favor de tu libertad.

En resumen, diseñar hábitos de riqueza es dejar de pedirle heroísmo a tu yo diario y empezar a construir un entorno que te guíe. Si tu sistema interno encuentra alivio sin gasto, si tu rutina se vuelve fácil y repetible, y si tu emoción asociada a la riqueza es calma, entonces el hábito se sostiene. Y, sostenido, transforma.

3.3 Tu círculo social y el "impuesto invisible"

Puedes tener un buen sistema y aun así perder margen si tu entorno social te cobra un impuesto constante. Es un impuesto que casi nadie contabiliza porque no aparece con ese nombre en ninguna app. Se paga en cenas que no quieres, en planes que te estiran, en regalos por compromiso, en ropa para "estar a tono", en viajes para no quedarte fuera, en gastos pequeños que juntos forman una fuga enorme. Y lo más irónico es que muchas veces nadie te lo exige. Lo haces tú, por pertenencia. A esto lo llamo el efecto estándar: gastas para pertenecer aunque nadie te lo pida.

El efecto estándar funciona así: tu grupo, tu sector o tu círculo tiene una "normalidad" implícita. Cierto tipo de salidas, cierto estilo de vida, cierto nivel de consumo. No está escrito, pero se siente. Y tu mente social, que quiere evitar rechazo, empieza a ajustarse. No siempre por vanidad; a veces por miedo a perder conexiones. O por inseguridad. O por hábito. El resultado es que tus decisiones financieras dejan de responder a tu brújula y pasan a responder al clima social.

Este impuesto invisible no solo drena dinero; drena identidad. Porque te acostumbra a vivir hacia afuera. Y cuando vives hacia afuera, tus prioridades se vuelven negociables. Te conviertes en alguien que se adapta para no incomodar. Y eso es peligroso, porque la riqueza real requiere límites. No límites duros, sino límites claros. Y los límites claros suelen incomodar a un entorno que está acostumbrado a que digas que sí.

Aprender a decir "no" sin justificarte es una habilidad de riqueza. Y no es una habilidad fría. Al contrario: es una forma de ser honesto y sostenible. El problema de justificarte es que, cuando te justificas, abres negociación. Si das demasiadas explicaciones, tu "no" suena a "convénceme". Y, además, te entrenas a sentir culpa. Como si tu tiempo y tu dinero fueran de otros, y tú tuvieras que pedir permiso para cuidarlos.

Decir "no" con calma es un acto de autoestima práctica. No necesitas mentir ni inventar excusas dramáticas. Puedes decir que no porque no te apetece, porque estás cuidando prioridades, porque no está en tu presupuesto, porque prefieres algo distinto. La forma en que lo dices importa: con respeto, pero sin pedir perdón por existir. Cuando lo haces así, seleccionas tu entorno. La gente que te respeta se adapta. La gente que solo te quería por lo que pagabas o por lo fácil que eras se incomoda. Y esa incomodidad, aunque duela, es información valiosa.

Hay un punto importante: decir "no" no significa aislarte. Significa diseñar pertenencia sin ruina. Puedes tener vida social con creatividad: planes simples, encuentros en casa, caminatas, actividades que no giren alrededor de gastar. Y aquí ocurre algo curioso: cuando tú propones alternativas, mucha gente se siente aliviada. Porque no eres el único que paga el impuesto; solo que muchos lo pagan en silencio, creyendo que "así es la vida adulta". Alguien tiene que romper la inercia.

La tercera parte de este apartado es quizá la más decisiva: rodearte de modelos, gente que construye, no que presume. Tu entorno no solo afecta tu gasto; afecta tu estándar interno. Si estás rodeado de personas que convierten cada logro en consumo, tu mente aprende que eso es éxito. Si estás rodeado de personas que hablan más de apariencia que de procesos, aprendes a medir tu valor por símbolos. Y entonces, aunque ganes más, seguirás sintiendo que falta algo. Porque el juego del prestigio no tiene línea de meta.

En cambio, cuando te rodeas de gente que construye, tu definición de éxito cambia. Empiezas a admirar la calma, la coherencia, la paciencia. Empiezas a valorar decisiones invisibles: invertir, ahorrar, negociar, aprender, cuidar la salud, cultivar relaciones reales. Empiezas a ver que la riqueza no es ruido, es estabilidad. Y eso te protege de compras que no nacen de deseo genuino, sino de ansiedad social.

Rodearte de modelos no siempre significa cambiar de amigos de un día para otro. A veces significa ajustar cercanía, ajustar frecuencia, ajustar conversaciones. Significa pasar más tiempo con quienes respetan tus límites y menos con quienes se burlan de ellos. Significa buscar espacios donde se hable de crear valor, no solo de exhibirlo. Significa exponerte a historias de proceso, no solo a escenas de resultado.

El impuesto invisible disminuye cuando tu identidad se fortalece. Cuando sabes quién eres y qué estás construyendo, la presión externa pierde fuerza. No desaparece, pero ya no dirige. Y cuando la presión no dirige, tu dinero vuelve a ser una herramienta. Tu entorno deja de programarte en automático. Empiezas a diseñar tus hábitos con intención: eliges señales, eliges rutinas, eliges recompensas. Y eliges también personas, conversaciones y estándares.

Este capítulo, en el fondo, te devuelve una verdad que cambia todo: no necesitas ser perfecto para construir riqueza. Necesitas un entorno que te apoye, no que te drene. Necesitas palancas invisibles que trabajen cuando tú estás cansado. Necesitas una vida social que no te cobre por pertenecer. Y, sobre todo, necesitas asociar riqueza con tranquilidad, porque cuando la tranquilidad se vuelve tu recompensa, cuidar tu dinero deja de sentirse como sacrificio y empieza a sentirse como libertad.

Capítulo 4 — Ingreso no es riqueza: convierte esfuerzo en activos

4.1 Diferencia clave: activos, pasivos y "activos disfrazados"

Si quieres entender por qué algunas personas ganan mucho y aun así viven al borde, y por qué otras, con ingresos más modestos, construyen una base sólida con el tiempo, tienes que mirar una diferencia que casi nadie aprende de forma clara: ingreso no es riqueza. El ingreso es lo que entra. La riqueza es lo que permanece, lo que se multiplica y lo que te compra margen. Y el puente entre una cosa y otra se llama activos. No "activos" como palabra elegante de finanzas, sino activos como realidad práctica: cosas que te devuelven más de lo que te piden.

Para aterrizarlo sin tecnicismos, un activo es algo que, en términos netos, produce flujo o valor a tu favor. Puede ser flujo de dinero, sí, pero también puede ser flujo de oportunidades, de tiempo liberado o de capacidad productiva. Un pasivo, en cambio, es algo que, en términos netos, exige mantenimiento: dinero constante, atención constante, energía constante. Lo importante aquí es el "en términos netos". Porque el mundo está lleno de cosas que parecen activos por fuera, pero se comportan como pasivos por dentro. Y esos son los más peligrosos: los activos disfrazados.

Hay una idea simple que conviene tatuarse mentalmente: lo que produce flujo te da libertad; lo que exige mantenimiento te la quita. El problema es que muchas decisiones se toman mirando el objeto, no el flujo. La gente compra algo porque "es una inversión" o porque "subirá de valor" o porque "me lo merezco", pero no calcula el efecto real en su vida. No mira el costo oculto. Y, como no lo mira, termina pagando con lo que más duele: su margen de maniobra.

Piensa en un ejemplo cotidiano. Alguien compra un coche más caro de lo que necesita. Podría llamarlo "activo" porque "lo necesito para moverme" o porque "es mejor marca" o porque "mantiene valor". Pero el coche no se evalúa por su marca ni por su sensación; se evalúa por su comportamiento financiero y emocional. ¿Cuánto cuesta realmente cada mes? ¿Cuánto tiempo exige? ¿Cuánta atención consume? ¿Qué estrés añade? Si te obliga a trabajar más horas para mantenerlo, si te ata a cuotas fijas, si te roba tranquilidad, entonces no es un activo para ti. Es un pasivo. Puede ser un pasivo que disfrutas, perfecto. No todo pasivo es "malo". El problema es llamarlo activo para no sentir la fricción de la realidad.

Aquí entra el concepto que cambia el juego: el coste total de propiedad. La mayoría de la gente solo mira el precio. Pero el precio es solo la primera capa. El coste total incluye dinero, sí, pero también tiempo, energía, estrés y atención. Es la suma de todo lo que esa cosa exige para existir en tu vida.

El dinero es la parte obvia: compra, cuota, seguro, mantenimiento, intereses, reparaciones, impuestos, renovaciones, consumibles. Pero el tiempo también paga: gestionar, comparar, reparar, coordinar, reclamar, actualizar, aprender a usar, mantener al día. La energía paga cuando algo te drena: la sensación constante de "tengo que", de "no puedo fallar este mes", de "si pasa algo, me rompe". El estrés aparece cuando te vuelves dependiente de una estructura rígida. Y la atención paga cuando tienes demasiadas cosas compitiendo por tu cabeza: suscripciones, pagos, recordatorios, contraseñas, servicios, decisiones pequeñas que se multiplican.

Este coste total explica por qué dos personas con el mismo ingreso pueden vivir realidades opuestas. Una vive ligera: pocos compromisos fijos, pocas obligaciones, una estructura sencilla. La otra vive pesada: pagos constantes, servicios que se acumulan, financiación por todos lados, "pequeñas cuotas" que juntas forman una losa. En papel, ambas ganan igual. En la vida real, una tiene margen y la otra tiene presión. Y la presión, tarde o temprano, se cobra en decisiones de corto plazo, en cansancio y en errores caros.

Los activos disfrazados entran justo ahí: en la confusión entre "me da estatus" y "me da libertad". Entre "me hace sentir bien" y "me produce valor neto". Un activo disfrazado suele tener tres características. Primero, se presenta como mejora: "upgrade", "premium", "pro", "exclusivo". Segundo, viene con una factura mensual o con un mantenimiento que parece pequeño, pero es persistente. Tercero, exige atención: te obliga a pensar en él, a sostenerlo, a justificarlo. Cuando algo reúne esas tres cosas, sospecha. No porque sea prohibido, sino porque puede estar comprando tu identidad a costa de tu patrimonio.

Por eso, antes de hablar de "invertir" o de "crear activos", el paso imprescindible es una auditoría de "lujos con factura mensual". No es una auditoría para castigarte ni para volverte austero. Es una auditoría para recuperar poder. Porque si no sabes qué te está drenando, no puedes redirigir. Y si no rediriges, tu esfuerzo seguirá convirtiéndose en mantenimiento, no en patrimonio.

Los lujos con factura mensual no son solo servicios obvios. Son suscripciones que ya ni usas pero sigues pagando por inercia. Son aplicaciones, plataformas, herramientas, membresías, almacenamiento, "pruebas gratis" que se volvieron permanentes. También son financiaciones: compras a plazos, cuotas, planes de pago que se sienten ligeros porque están fragmentados, pero que sumados se vuelven un salario invisible que ya está comprometido antes de que llegue. Y también son hábitos: ese delivery frecuente, ese taxi por costumbre, ese café diario "inofensivo", esas pequeñas compras para sentirte mejor. No es que uno de esos elementos, aislado, arruine a nadie. El problema es el paquete completo. La suma de "pequeños sí" que se convierten en un gran "no" a tu futuro.

Hay una razón psicológica por la que esto ocurre: las facturas mensuales reducen el dolor de pago. Un pago único duele más y te hace pensar. Una cuota pequeña no duele y te hace olvidar. Ese olvido es el objetivo del sistema. Pero si tú quieres riqueza, no puedes permitirte el lujo de olvidar. La riqueza se construye con conciencia de flujo. Con saber qué entra, qué sale, y qué queda disponible para convertirse en algo más grande.

Lo más insidioso de los activos disfrazados es que se convierten en identidad. "Soy alguien que tiene esto", "soy alguien que viaja así", "soy alguien que vive de esta forma". Y cuando algo se vuelve identidad, se vuelve intocable. Aunque te apriete. Aunque te drene. Aunque te robe sueño. Por eso, este capítulo no está peleando contra el consumo; está peleando contra la confusión. Puedes tener cosas bonitas. Puedes disfrutar. Pero si confundes disfrute con construcción, terminas trabajando para sostener símbolos en vez de trabajar para sostener tu libertad.

La pregunta que ordena todo es sencilla: ¿esto me produce flujo o me exige mantenimiento? Y, si exige mantenimiento, ¿me devuelve suficiente valor real como para justificarlo? Valor real no es "me hace ver bien". Valor real es "me hace vivir mejor" de una manera sostenible.

Hay pasivos que valen la pena: pagar por una buena salud, por un hogar que te da paz, por herramientas que te ahorran tiempo, por experiencias que nutren relaciones. La diferencia está en el costo total y en la intención. Un pasivo elegido con claridad puede ser un buen intercambio. Un pasivo sostenido por inercia es una fuga. Y una fuga, aunque sea elegante, sigue siendo una fuga.

Cuando haces esta distinción con honestidad, se abre un espacio nuevo: el excedente. Ese espacio es el que transforma tu vida. Porque el excedente no es "lo que sobra" por suerte; es lo que construyes al reducir mantenimiento innecesario. Y ese excedente es la materia prima de los activos reales. Sin excedente, no hay inversión consistente. Sin inversión consistente, no hay patrimonio. Por eso, el primer acto de riqueza no es ganar más; es dejar de convertir lo que ganas en obligaciones permanentes que te encadenan.

Este capítulo te pide una mirada adulta: dejar de preguntar "¿puedo pagarlo?" y empezar a preguntar "¿qué me costará sostenerlo?". Mucha gente puede pagar cosas; pocos pueden sostenerlas sin sacrificar paz. Y la paz, cuando la pierdes, te hace caro todo lo demás: decides peor, trabajas peor, negocias peor, duermes peor. Esa cadena termina afectando incluso tu ingreso.

Ingreso no es riqueza porque el ingreso puede desaparecer, variar, cambiar de forma. Los activos bien elegidos y los pasivos bien controlados, en cambio, te dan continuidad. Te permiten respirar. Te dan tiempo para pensar. Te hacen menos vulnerable a un mes malo. Esa es la base. Y sin esa base, cualquier subida de ingresos corre el riesgo de convertirse en más mantenimiento, más cuotas, más "lujos mensuales", y al final, el mismo patrimonio frágil con un disfraz más caro.

Si quieres convertir esfuerzo en activos, empieza por ver la verdad sin drama: tu vida financiera no se rompe por un gran gasto ocasional, sino por un sistema lleno de compromisos pequeños que te dejan sin margen. La riqueza empieza cuando recuperas margen. Y recuperas margen cuando distingues, con precisión, entre lo que te alimenta y lo que te exige. Entre lo que te da flujo y lo que te quita aire. Entre activos reales y activos disfrazados. Esa claridad es el primer activo de todos.

4.2 Escala: gana más sin venderte el alma

Después de entender la diferencia entre activos reales y mantenimiento disfrazado, aparece una pregunta inevitable: ¿cómo aumento mi ingreso sin convertirme en esclavo de mi trabajo? Porque sí, puedes ganar más trabajando más horas, pero ese camino tiene un techo y un costo: salud, relaciones, tiempo y claridad. Escalar de verdad no es solo producir más; es producir mejor. Es convertir tu esfuerzo en algo que tenga mayor valor por unidad de energía, sin romperte por dentro.

Aquí entran las palancas de ingreso: habilidad rara, resultados medibles y negociación. Estas tres cosas suelen ser más decisivas que "echarle ganas". Mucha gente trabaja duro, pero en cosas comunes, con resultados difusos y sin negociar. El mercado paga mejor lo raro, lo claro y lo defendido.

Una habilidad rara no significa algo imposible ni misterioso. Significa algo que poca gente puede hacer bien, de forma confiable, y que resuelve un problema valioso. La rareza puede venir de profundidad técnica, de combinar dos áreas que normalmente están separadas, o de un dominio específico de un sector. También puede venir de la capacidad de comunicar, liderar, vender, sistematizar, simplificar lo complejo. La clave es entender que el ingreso alto rara vez premia el esfuerzo bruto; premia la combinación de competencias que reduce fricción a otros. Si tú puedes ahorrar tiempo, dinero o riesgo a una empresa o a un cliente, tu trabajo se vuelve más valioso.

Los resultados medibles son el segundo acelerador. Muchas personas se venden por presencia: "estoy disponible", "trabajo muchas horas", "soy responsable". Eso es importante, pero no diferencia. Los resultados, en cambio, diferencian. Cuando puedes decir "logré esto", "reduje aquello", "aumenté esto otro", cambias la conversación. Te mueves de la subjetividad ("creo que valgo") a la evidencia ("esto es lo que genero"). Y cuando hay evidencia, la negociación tiene base. Sin evidencia, la negociación se vuelve emocional y suele terminar en autocensura.

Negociar es la tercera palanca, y curiosamente es la que más gente evita por miedo a incomodar. Pero si no negocias, tu ingreso queda en manos de la voluntad ajena o del azar. Negociar no es pelear; es clarificar valor y condiciones. Es poner nombre a tu aporte y pedir un intercambio justo. Mucha gente no gana lo que merece no porque el mundo sea injusto, sino porque nunca pidió en serio, o porque pidió desde inseguridad, o porque aceptó el primer "no" como sentencia. La negociación es un músculo. Y como todo músculo, se entrena con exposición gradual, no con un salto dramático.

Ahora, estas palancas funcionan todavía mejor cuando subes tu "tarifa mental". La tarifa mental es la forma en que tú mismo entiendes tu trabajo. Hay un escalón que marca el antes y el después en el ingreso: pasar de vender horas a vender resultados, y luego a vender valor creado.

Vender horas es la etapa común. Intercambias tiempo por dinero. El problema es que el tiempo es finito y, además, el mercado tiende a comparar horas como si fueran iguales. Cuando vendes horas, compites con quien cobra menos o con quien promete más. Es una carrera de desgaste. Vender resultados es una mejora: ya no te pagan por estar, te pagan por lograr. Esto te permite cobrar más porque tu aporte está ligado a un cambio visible. Y vender valor creado es el siguiente nivel: te pagan por el impacto completo, incluyendo el riesgo que asumes, la oportunidad que capturas, la claridad que aportas, la estrategia, el sistema que dejas montado.

Subir la tarifa mental implica cambiar tus preguntas internas. En vez de "¿cuánto vale mi hora?", empiezas a pensar "¿cuánto vale resolver esto?", "¿cuánto vale evitar este error?", "¿cuánto vale acelerar este proceso?", "¿cuánto vale mejorar esta conversión, esta retención, este ahorro, esta productividad?". En esa lógica, tu precio deja de ser un número arbitrario y se vuelve una proporción del valor. Y cuando tu mente adopta esa proporción, tu comportamiento cambia: eliges proyectos que te posicionan mejor, documentas resultados, priorizas habilidades que aumentan tu impacto, y aprendes a decir no a trabajos que te pagan poco y te consumen mucho.

Pero hay una advertencia necesaria: ganar más sin venderte el alma no significa evitar el esfuerzo. Significa orientar el esfuerzo a palancas que multiplican. Puedes trabajar duro en algo que no escala y quedarte estancado. O puedes trabajar duro, durante un periodo, en una habilidad que te cambia el mercado. La diferencia no es la intensidad, sino la dirección.

Por eso sirve un plan de mejora simple: una habilidad de alto impacto por trimestre. Tres meses parecen poco, pero son suficientes para avanzar de forma visible si eliges bien. La habilidad de alto impacto no es la que te entretiene; es la que más aumenta tu capacidad de crear valor. Para algunos será aprender a vender y a cerrar sin ansiedad. Para otros será aprender análisis y métricas. Para otros será mejorar comunicación y liderazgo. Para otros será dominar una herramienta técnica. La regla es que debe cumplir dos condiciones: que el mercado pague por ella y que se conecte con tus fortalezas o con tu posicionamiento.

Este plan por trimestre hace dos cosas. Primero, te protege de dispersarte: la dispersión es el enemigo del ingreso alto. Segundo, te da un ritmo sostenible. No necesitas reinventarte cada semana. Necesitas acumular mejoras de calidad que, con el tiempo, cambian tu trayectoria. Un trimestre por habilidad, un año por cuatro habilidades. Eso no suena espectacular, pero es exactamente cómo se construye una carrera que escala sin romperse.

4.3 Convierte excedente en patrimonio

Escalar ingreso es solo la mitad del juego. La otra mitad, la que realmente convierte esfuerzo en libertad, es qué haces con el excedente. Porque el excedente es el material de construcción del patrimonio. Y aquí cae otra verdad que incomoda: si tu sistema está diseñado para "vivir primero y ver qué sobra", casi nunca sobra. Siempre hay algo. Siempre aparece una necesidad, un deseo, una emergencia, una excusa. Por eso existe una regla simple que parece obvia, pero que separa a quienes construyen de quienes solo sostienen: primero separar, luego vivir.

Separar primero significa que cuando entra dinero, una parte se aparta antes de que tu estilo de vida lo absorba. No cuando te sobre tiempo. No cuando te "sientas listo". Antes. Es un acto de prioridad. Es decirle a tu vida futura: "no serás un accidente; serás una decisión". Y, además, es una forma de protegerte de tu yo emocional. Si esperas a fin de mes, tu yo emocional ya habrá negociado con todo: "solo este gasto", "solo esta salida", "solo esta compra". Y cuando llegas al final, lo que queda es un residuo, no un plan.

La razón por la que esta regla funciona es brutalmente simple: el estilo de vida se expande para ocupar lo disponible. Si tú no decides por adelantado cuánto se convierte en patrimonio, tu estilo de vida decidirá por ti. Y tu estilo de vida, si no tiene límites, siempre querrá más. No por maldad, sino porque el deseo se acostumbra. El hábito de separar primero es el freno que mantiene tu crecimiento real, no solo tu consumo.

Ahora bien, separar primero es mucho más fácil cuando creas cuentas con propósito. Una sola cuenta es una sopa emocional: entra, sale, te confundes, improvisas, te engañas sin querer. En cambio, cuando el dinero tiene destinos claros, el sistema se vuelve simple. No es obsesión, es orden.

Una cuenta para impuestos es una cuenta de paz. Evita que el Estado se convierta en sorpresa y estrés. Una cuenta para inversión es una cuenta de futuro: dinero que no está "disponible" para impulsos. Una cuenta para colchón es una cuenta de estabilidad: te protege de urgencias y te evita deudas. Y una cuenta para ocio es una cuenta de disfrute sin culpa: disfrutas porque está previsto, no porque te escapaste. Este diseño tiene un efecto psicológico enorme: reduce negociación interna. Ya no discutes cada gasto; simplemente sigues el mapa.

Cuando haces esto, el excedente deja de ser una casualidad y se vuelve un flujo. Y cuando el excedente se vuelve flujo, el patrimonio se vuelve inevitable. No rápido, no mágico, pero inevitable. Porque estás alimentando una máquina: cada mes entra una parte a activos, cada mes el tiempo trabaja, cada mes la consistencia suma. La gente busca intensidad: "este mes me aprieto y ahorro un montón". Pero la intensidad suele rebotar: te cansas, te privas, luego te compensas y vuelves a cero. La riqueza no necesita picos; necesita ritmo.

Por eso la última idea es la que más se subestima: consistencia > intensidad. La riqueza se fabrica, no se descubre. Se fabrica como se fabrica una buena condición física: con movimientos repetidos, con un plan que puedes sostener, con ajustes pequeños. Un mes perfecto no cambia tu vida. Un año consistente sí. Cinco años consistentes la cambian por completo.

La consistencia también protege tu identidad. Te convierte en alguien que cumple con su sistema sin drama. Y esa persona toma mejores decisiones en cadena: no solo guarda e invierte, también elige mejor sus compromisos, negocia mejor, se estresa menos, duerme mejor, piensa con más claridad. El patrimonio no es solo dinero acumulado; es estabilidad acumulada.

En este punto del libro, la dirección es clara: aumentar ingreso sin perderte requiere palancas de valor, no horas infinitas. Y convertir ingreso en riqueza requiere estructura, no esperanza. Separas primero para construir excedente. Das propósito a tu dinero para reducir fricción. Mantienes un ritmo para evitar el ciclo de sacrificio y rebote. Si haces eso, tu esfuerzo deja de convertirse en mantenimiento y empieza a convertirse en activos. Y cuando eso ocurre, empiezas a sentir la diferencia real entre "ganar bien" y "vivir libre": el momento en el que tu vida deja de depender de un mes perfecto y empieza a sostenerse por un sistema que trabaja incluso cuando tú estás cansado.

Capítulo 5 — La deuda como herramienta o como cadena

La deuda no es el problema: la deuda sin estrategia lo es.

5.1 Psicología de la deuda: por qué engancha

La deuda tiene mala fama, pero la mayoría de las personas no se endeuda porque "no sabe" o porque sea irresponsable por naturaleza. Se endeuda porque la deuda ofrece algo que el cerebro humano valora muchísimo: alivio inmediato. Y cuando una herramienta te da alivio inmediato, tiende a volverse hábito. Ahí es donde deja de ser herramienta y empieza a ser cadena. Por eso, antes de hablar de tasas, plazos o métodos, conviene mirar el motor real: la psicología de la deuda. Lo que la vuelve adictiva no es el número; es la emoción que resuelve en el momento.

La deuda funciona como un puente. El problema es que muchas veces se usa como puente para cruzar un río real —una inversión que aumenta tu capacidad futura— y otras veces se usa como puente para cruzar un río emocional —una incomodidad que no quieres sentir hoy. Cuando la deuda se usa para lo emocional, se vuelve anestesia. Y la anestesia, cuando se repite, crea dependencia.

Piénsalo así: tu cerebro tiene dos versiones de ti. Está tu yo presente, que siente cansancio, presión, ganas, ansiedad, necesidad de pertenecer. Y está tu yo futuro, que paga. La deuda es el pacto perfecto para el yo presente: obtiene lo que quiere ahora y traslada el costo a alguien que todavía no existe del todo en tu mente. No se siente como robarte a ti mismo, se siente como resolver un problema. De hecho, muchas deudas empiezan con una historia razonable: "Es solo por este mes", "lo necesito", "luego me organizo", "cuando cobre lo pago". La mente no está mintiendo a propósito; está buscando calma.

Ahí aparece el primer punto: la deuda como anestesia emocional. Hay compras que no se hacen por utilidad, sino por regulación interna. Compras para bajar la ansiedad, para tapar la sensación de vacío, para premiarte después de un día duro, para recuperar control cuando sientes que todo se te va de las manos. También compras para construir identidad: sentirte competente, admirado, "a la altura". Y cuando ese gasto no cabe en el presupuesto, la deuda entra como solución elegante: te permite mantener la narrativa sin enfrentar la realidad.

La deuda, en ese contexto, no es un préstamo; es una forma de evitar una emoción. Evitar la incomodidad de decir "no puedo ahora", evitar la vulnerabilidad de aceptar límites, evitar el miedo a quedarte fuera, evitar la tristeza de reconocer que no estás donde creías. El problema es que la emoción que evitas hoy se convierte en estrés mañana, y ese estrés suele alimentar nuevas decisiones impulsivas. Así se forma el ciclo: compras calma, pagas después, te estresas, compras calma otra vez. No se vive como un plan, se vive como una rueda.

Además, la deuda tiene un truco moderno: fragmenta el dolor. Un pago grande te obliga a pensar. Un pago pequeño mensual te deja seguir. Las cuotas hacen que casi cualquier cosa parezca "asequible". Y cuando algo parece asequible, tu mente deja de evaluar el costo total. Evalúa solo si cabe hoy. Es una trampa psicológica, no una falta de inteligencia. De hecho, personas muy capaces caen en esto porque la deuda está diseñada para adaptarse a cómo decide el cerebro: por sensaciones, por narrativa, por presente.

El segundo punto es la normalización social. Vivimos en una cultura donde endeudarse está tan integrado que ya no se cuestiona. La frase "todos deben" suena a permiso. Y cuando algo es normal, deja de activar alarmas internas. Pero normal no significa inteligente. Normal significa frecuente. También es normal estar estresado, dormir poco, vivir con prisa. Eso no convierte esos estados en saludables. Con la deuda pasa lo mismo: el hecho de que sea común no la convierte en una buena decisión para ti.

La normalización social actúa de dos maneras. Una es la comparación: ves a otros con cosas que parecen inaccesibles y asumes que "así se vive". Si todos tienen ciertos símbolos — viajes, marcas, gadgets, coche, casa— tu mente interpreta que ese es el estándar adulto. Y si no llegas, sientes que fallas. La deuda entra como ascensor: te lleva al piso del estándar sin esperar a construir las escaleras. La otra manera es el lenguaje: se le llama "financiación", "plan", "opción", "facilidad", como si fuera un servicio neutro. Y en parte lo es. Pero cuando el lenguaje suaviza la realidad, tú pierdes la fricción necesaria para decidir con claridad.

El verdadero problema de la normalización es que vuelve invisible el costo de oportunidad. Cada cuota fija es una porción de tu futuro que ya está comprometida. Cada mes con muchas cuotas es un mes con menos libertad para ahorrar, invertir, aprender o incluso descansar. Pero como las cuotas se sienten pequeñas y distribuidas, no se perciben como pérdida. Se perciben como "lo normal". Y entonces la vida se vuelve rígida: trabajas para sostener pagos, no para construir margen. La deuda se convierte en paisaje.

Ahora llegamos a dos enemigos del plan real: la vergüenza y la negación. Pocas cosas bloquean más una solución que la vergüenza. Cuando alguien se siente avergonzado por su deuda, tiende a esconderla. No revisa, no calcula, no enfrenta. Evita abrir correos, evita mirar estados, evita conversaciones. La vergüenza hace que el problema parezca un juicio sobre tu valor, no un asunto logístico. Y cuando el problema se convierte en juicio personal, tu mente se protege con evitación. Eso es humano. Pero la evitación, en finanzas, cobra intereses.

La negación es la prima de la vergüenza. La negación no siempre es decir "no tengo deuda". A veces es más sutil: "no es tanto", "puedo manejarlo", "cuando entre X lo arreglo". La negación reduce ansiedad a corto plazo, pero te roba precisión. Y sin precisión no hay plan. Puedes tener las mejores estrategias del mundo, pero si no conoces tu realidad exacta, solo estás soñando con disciplina futura.

La vergüenza también se alimenta de una idea falsa: "si tuviera autocontrol, esto no pasaría". La verdad es que la deuda suele ser el resultado de una mezcla: decisiones emocionales, entorno que empuja al consumo, momentos de vulnerabilidad, y un sistema de pagos diseñado para facilitar el "sí". No se trata de absolverte de responsabilidad; se trata de evitar el látigo inútil. El látigo no paga deudas. La claridad sí.

Salir de la vergüenza implica cambiar el marco: la deuda no es identidad, es situación. Es una fotografía, no una sentencia. Tú no eres tu deuda. Tú la tienes. Y lo que tienes se puede ordenar. Esto parece obvio, pero emocionalmente es enorme. Porque cuando dejas de ser "yo soy un desastre" y pasas a "yo estoy en un proceso", aparece la energía para actuar. Y actuar es lo único que cambia el número.

La negación, por su parte, se rompe con un gesto simple: mirar. Mirar sin drama. Mirar como un médico mira un análisis: no para culpar, sino para diagnosticar. El plan real nace de ahí. No nace de promesas grandiosas, nace de un inventario honesto. Y ese inventario se vuelve posible cuando la emoción deja de gobernar.

Hay otra razón por la que la deuda engancha: te mantiene en el presente. Te obliga a resolver mes a mes. Y cuando vives en modo "pagar lo que toca", tu mente se acostumbra a sobrevivir, no a construir. Pierdes visión. Te vuelves reactivo. Y en un estado reactivo, eres más vulnerable a repetir el ciclo, porque tu cerebro buscará alivio donde sea. Por eso, salir de la deuda no es solo una operación matemática; es una reconstrucción de identidad. Es convertirte en alguien que no compra calma a crédito.

La buena noticia es que, una vez entiendes esta psicología, la deuda deja de ser un monstruo y se convierte en una variable. Una variable que puedes ordenar con estrategia. En los próximos apartados se verá con números y criterios, pero aquí la base es esta: la deuda engancha cuando resuelve emociones y cuando la sociedad la vuelve invisible. Y se vuelve peligrosa cuando la vergüenza y la negación te impiden verla de frente. La primera victoria no es pagarla toda; la primera victoria es recuperar la mirada. Porque cuando puedes mirar sin colapsar, ya no estás atrapado. Ya estás en control.

5.2 Deuda inteligente vs. deuda estúpida

La deuda, por sí sola, no es una sentencia. Es un instrumento. Como un cuchillo: puede cocinar o puede herir. La diferencia no está en el objeto, sino en el uso. Por eso, para salir del ruido moral y entrar en criterio real, conviene separar la deuda en dos categorías prácticas: la deuda inteligente y la deuda estúpida. No "estúpida" como insulto, sino como descripción de un patrón que se repite: deuda que no aumenta tu capacidad futura, que no te protege, y que además te quita margen.

La deuda inteligente cumple cuatro criterios: retorno, estabilidad, protección y plan de salida. El retorno significa que la deuda está conectada a algo que, con alta probabilidad, produce un beneficio neto superior a su costo. Puede ser más ingreso, más tiempo disponible, más eficiencia, o una mejora que reduce riesgos. No se trata de prometer riqueza; se trata de que el préstamo tenga una lógica económica verificable. La estabilidad implica que tu vida puede sostener los pagos sin depender de milagros. Si el pago mensual requiere que todos los meses sean perfectos, no hay estabilidad; hay apuesta. La protección significa que la deuda no te deja desnudo ante un imprevisto: tienes colchón, tienes seguro, tienes margen para respirar si algo se tuerce. Y el plan de salida es lo que convierte una deuda en herramienta: sabes cómo se paga, cuándo se paga, qué pasa si tus ingresos bajan y cuál es el límite que no cruzas.

Cuando falta uno de estos criterios, la deuda empieza a inclinarse hacia cadena. Cuando faltan varios, se vuelve ruina lenta. El problema es que muchas personas evalúan la deuda solo por la posibilidad de comprar. "¿Me la aprueban?" "¿Cabe la cuota?" Pero la aprobación no mide conveniencia; mide riesgo para el prestamista, y aun eso no siempre lo mide bien. Y la cuota, por sí sola, es una ilusión, porque fragmenta el costo total y hace que todo parezca posible.

Aquí es donde aparece la deuda estúpida: la deuda que compra consumo, apariencia o alivio, y lo hace a un costo que crece en el tiempo. Es deuda que no produce retorno y que además instala compromisos fijos. Es deuda que, por definición, te vuelve más frágil. A veces se disfraza de "me lo merezco"; a veces se disfraza de "es inversión" cuando en realidad es estatus; a veces se disfraza de "es temporal" cuando en realidad se vuelve permanente porque el hábito no cambia.

Hay señales rojas que, si las ves, te conviene parar y respirar antes de firmar o antes de seguir. La primera es pagar mínimos. El mínimo es el pago diseñado para que la deuda dure y el interés se coma tu futuro. Pagar mínimos no es solo un problema matemático; es un síntoma psicológico: estás sosteniendo el presente con deuda y postergando el costo. El mínimo te da alivio, pero te roba salida. Y cuando tu estrategia es "que el mínimo aguante", la deuda ya dejó de ser herramienta: se convirtió en dependencia.

La segunda señal roja es refinanciar sin cambiar hábitos. Refinanciar, reestructurar o consolidar puede ser útil, pero solo si viene acompañado de una modificación real del sistema que te llevó ahí. Si refinancias para bajar la cuota, pero sigues gastando igual, lo único que hiciste fue comprar tiempo para repetir el ciclo. Es como poner una curita sobre una fuga de agua sin cerrar la llave. Puede darte calma por unas semanas, pero el problema sigue. De hecho, muchas veces empeora, porque la baja de presión te hace sentir que "ya lo arreglaste" y entonces te relajas justo cuando deberías reforzar disciplina.

La tercera señal roja es deuda para estatus. Esta es la deuda más común en sociedades de exhibición. Gastos para parecer, para pertenecer, para no quedarte fuera. El estatus financiado es una trampa perfecta porque te da una identidad inmediata y te cobra con futuro. Y lo más cruel es que el estatus nunca se sacia: siempre hay otro estándar, otro objeto, otra experiencia. La deuda para estatus no compra una cosa; compra una carrera interminable.

Para decidir bien, tienes que volver a los números. No como castigo, sino como claridad. La emoción te da narrativa. Los números te dan verdad. Y hay tres números que te obligan a ver la realidad completa: el interés efectivo, el plazo y el costo total.

El interés efectivo es la tasa real que estás pagando por ese dinero, incluyendo comisiones, seguros obligatorios, costos asociados, y la forma en que se calcula. Muchas personas se fijan en una cifra bonita y no en el costo real del crédito. El interés efectivo es el termómetro honesto. El plazo, por su parte, define la longitud de la cadena. Una cuota baja con un plazo largo puede ser más cara que una cuota más alta con plazo corto. Y el costo total es la suma final de todo lo que pagarás: principal más intereses más cargos. Ese número es el que debería decidir contigo, no la emoción del "me lo llevo hoy".

Cuando miras el costo total, la pregunta se vuelve clara: "¿Esto vale realmente lo que me costará en dinero y en margen?" Porque ahí se esconde lo importante: cada euro que pagas en intereses es un euro que no construye patrimonio. El interés no solo es dinero; es oportunidad perdida. Y cuando esa oportunidad perdida se repite mes a mes, el costo se vuelve enorme aunque cada pago parezca pequeño.

La deuda inteligente, entonces, no es deuda "buena" por definición. Es deuda alineada con tu sistema, sostenida por estabilidad y acompañada de un plan. La deuda estúpida es deuda tomada desde impulso, desde imagen o desde evitación, y sostenida por mínimos, refinanciaciones repetidas o esperanza. La diferencia es criterio. Y criterio es libertad.

5.3 Estrategias de salida sin drama

Salir de la deuda no debería sentirse como una guerra eterna ni como un castigo. De hecho, si lo conviertes en drama, aumentas la probabilidad de recaída, porque el cerebro buscará compensación. La salida más sostenible es la que puedes sostener con tu vida real: tu trabajo, tu energía, tus emociones. Por eso aquí la pregunta no es solo "¿qué método es más eficiente?", sino "¿qué método te mantendrá constante sin romperte?".

Existen dos caminos clásicos, y ambos pueden funcionar: el método avalancha y el método bola de nieve. El avalancha prioriza pagar primero la deuda con mayor interés, porque matemáticamente reduce el costo total. Es un método frío y eficiente. La bola de nieve prioriza pagar primero la deuda más pequeña, porque psicológicamente genera victorias rápidas que alimentan la motivación. Es un método emocionalmente inteligente. La elección depende menos de tu IQ financiero y más de tu psicología. Si eres alguien que se motiva con progreso visible y necesita sentir que avanza, la bola de nieve suele sostenerse mejor. Si eres alguien que puede tolerar un proceso largo sin resultados inmediatos, la avalancha suele ser óptima.

Lo importante es entender que el mejor método en papel no sirve si tú lo abandonas. La estrategia correcta es la que reduce la probabilidad de abandono. Y eso implica diseñar la salida con ritmo. Ritmo significa que tu plan no puede depender de un mes perfecto. Necesita un pago base sostenible, más un extra cuando haya meses buenos. Si intentas pagar demasiado rápido y te asfixias, tu mente buscará un escape. Y el escape suele ser gasto impulsivo o "una pequeña deuda nueva" que reinicia el ciclo. La salida sin drama es la que protege tu sistema nervioso: firme, constante y flexible.

Negociar es otro punto subestimado. Mucha gente piensa que la deuda es un contrato inamovible. No siempre lo es. Se puede negociar tasas, plazos o condiciones, especialmente si tienes historial, si tu situación cambió o si puedes demostrar intención de pago. Pero hay una condición crucial: la negociación solo sirve si viene con disciplina incluida. Si negocias para bajar la cuota y usas la diferencia para consumir, te hiciste daño. Si negocias para bajar la tasa y rediriges ese ahorro a pagar más rápido, te liberaste.

La consolidación de deudas puede ser útil en algunos casos porque simplifica: una cuota, una fecha, una tasa. La simplificación reduce errores y ansiedad. Pero, otra vez, es peligrosa si se usa como maquillaje. Consolidar sin cambiar hábitos es como ordenar la casa sin dejar de tirar basura al suelo. En poco tiempo vuelves al caos, solo que con una deuda más grande y con la falsa sensación de "ya lo resolví".

Por eso la parte más importante de la salida no es el plan de pagos; es el plan anti-recaída. La recaída no ocurre porque seas incapaz; ocurre porque vuelves a usar la deuda como regulación emocional o porque tu entorno te empuja a un estándar de gasto que no puedes sostener. El plan anti-recaída es un conjunto de reglas simples que protegen tu futuro cuando tu yo emocional se activa.

Ese plan empieza por cortar la fuente. Si tienes facilidad de crédito que usas por impulso, necesitas barreras: límites, congelar tarjetas, reducir líneas, quitar apps de compra rápida, eliminar pagos guardados. No como castigo, sino como protección. La libertad real no es tener acceso ilimitado; es tener control. También incluye reglas de pausa para gastos no esenciales, porque muchas recaídas nacen de una decisión rápida en un día malo. Y, sobre todo, incluye un reemplazo para la emoción: si tu disparador es estrés, debes tener una rutina alternativa que te calme sin gastar. Si tu disparador es comparación, debes reducir exposición y fortalecer tu brújula.

Otro componente del plan anti-recaída es crear un margen mínimo, aunque sea pequeño. Porque sin margen, cualquier imprevisto se convierte en deuda nueva. No necesitas un fondo enorme de inmediato; necesitas empezar. Una parte pequeña destinada a imprevistos reduce la probabilidad de que la vida te empuje de vuelta al crédito. Además, tener margen cambia tu sensación interna: ya no estás pagando desde el pánico, estás pagando desde un sistema.

Salir de la deuda también requiere honestidad con tu identidad. Si tu identidad se alimenta del estatus, la recaída será tentadora. Si tu identidad se alimenta de la calma y de la libertad, la deuda empieza a sentirse incoherente. Por eso, en paralelo al plan numérico, conviene reforzar una narrativa distinta: "Estoy comprando mi paz." "Estoy recuperando opciones." "Estoy entrenando confianza." Esa narrativa no es motivación vacía; es el significado que tu cerebro necesita para sostener la incomodidad temporal.

La salida sin drama, en resumen, se parece más a un proceso de orden que a un sacrificio extremo. Eliges un método que encaje con tu psicología, diseñas pagos sostenibles, negocias cuando tiene sentido sin usarlo como excusa, y construyes un plan anti-recaída que protege tu sistema. La deuda deja de ser vergüenza y se vuelve proyecto. Y cuando se vuelve proyecto, deja de dominarte.

La verdadera meta no es solo quedar en cero. La meta es no volver al ciclo. Quedar en cero sin cambiar el sistema es como secar el suelo sin arreglar la fuga: vuelves a mojarte. Cambiar el sistema es reparar la fuga. Y reparar la fuga es lo que te devuelve el poder: usar la deuda como herramienta cuando sea estratégico, y rechazarla como anestesia cuando sea tentación. Esa distinción, sostenida en el tiempo, es una forma de riqueza silenciosa: la capacidad de vivir sin que el futuro pague por el alivio del presente.

Capítulo 6 — Riesgo: tu relación con la incertidumbre define tu techo

6.1 Riesgo percibido vs. riesgo real

La mayoría de las personas cree que evita el riesgo. Dice que prefiere "lo seguro", que no le gusta apostar, que no quiere complicarse. Pero si miras su vida financiera con lupa, descubres algo curioso: no es que eviten el riesgo; es que eligen riesgos distintos sin darse cuenta. Unos se arriesgan gastando impulsivamente y lo llaman "vivir". Otros se arriesgan quedándose quietos mientras la inflación les come el poder adquisitivo y lo llaman "prudencia". Otros se arriesgan concentrando todo en una sola fuente de ingresos y lo llaman "estabilidad". El riesgo no desaparece porque lo niegues. Solo cambia de forma. Y la relación que tienes con la incertidumbre, esa incomodidad que tu mente quiere evitar, termina definiendo tu techo: cuánto puedes crecer, cuánto puedes sostener y cuánta libertad real puedes construir.

Por eso conviene empezar con una distinción que cambia el juego: riesgo percibido versus riesgo real. El riesgo percibido es el que se siente. Es el que te pone nervioso, el que activa el cuerpo, el que te da la sensación de "esto podría salir mal". El riesgo real es el que existe aunque no lo sientas. Es el que opera en silencio, el que se acumula mientras tú te tranquilizas con una historia. El problema es que la mayoría decide guiándose por el riesgo percibido, no por el real. Y esa confusión es carísima.

El riesgo real, en la vida financiera, suele ser más aburrido de lo que la gente imagina. No tiene la adrenalina de un mercado moviéndose ni el drama de una apuesta. El riesgo real suele ser estructural. Por ejemplo, no tener reserva. Puedes sentirte "seguro" porque este mes cobras, porque tu trabajo parece estable, porque todo está en orden. Pero sin reserva, estás a una avería, una enfermedad, un retraso de pago o una crisis de distancia de la angustia. La reserva no es un capricho; es infraestructura. Y la ausencia de infraestructura es riesgo real, aunque hoy no se note.

Otro riesgo real es no diversificar. Mucha gente cree que diversificar es solo para inversores sofisticados. Pero diversificar es, en esencia, no depender de una sola cosa para tu estabilidad. Si tu ingreso viene de una sola fuente, si tu negocio depende de un solo cliente, si tu carrera depende de una sola habilidad, estás concentrado. Y la concentración es un riesgo enorme, aunque emocionalmente se sienta "ordenada". De hecho, la concentración suele sentirse cómoda porque es simple: una dirección, un camino, un plan. Pero la simplicidad no siempre es seguridad. A veces es fragilidad.

Y un tercer riesgo real, quizás el más ignorado, es no tener habilidades. O tener habilidades que no se traducen en valor en el mercado. La habilidad es una forma de seguro invisible. Cuando sabes hacer cosas útiles y raras, cuando puedes resolver problemas, cuando puedes aprender rápido, tu vulnerabilidad baja. Si pierdes un empleo, puedes moverte. Si cambia una industria, te adaptas. Si aparece una crisis, puedes reconstruir. En cambio, si tus habilidades están desactualizadas o no son transferibles, tu estabilidad depende demasiado del entorno. Eso es riesgo real. Y suele operar sin alarma, porque mientras la vida funciona, nadie siente urgencia por entrenarse. Hasta que la siente, pero tarde.

Ahora comparemos esto con el riesgo percibido. El riesgo percibido se activa, por ejemplo, cuando piensas en invertir. Invertir "da miedo" porque implica incertidumbre visible: el precio puede subir y bajar, no hay garantía, hay volatilidad. Tu cerebro ve movimiento y lo interpreta como peligro. En cambio, gastar impulsivamente se siente bien. No se siente riesgoso. Se siente como alivio, como premio, como control. Y aquí está la paradoja: lo que se siente bien no siempre es seguro, y lo que se siente incómodo no siempre es peligroso.

El gasto impulsivo es un riesgo real disfrazado de placer. Te quita margen, te entrena en la gratificación instantánea, te vuelve dependiente de estímulos para regular emociones. Pero como el efecto negativo no es inmediato, el cerebro no lo registra como riesgo. Es más: el gasto impulsivo a veces reduce ansiedad en el momento, así que tu mente lo clasifica como "solución". Y una solución que se siente bien se repite. El riesgo se acumula por debajo: menos reserva, más rigidez, más necesidad de ingresos constantes para sostener el estilo de vida. Es una bomba de tiempo silenciosa, pero emocionalmente agradable.

Lo mismo ocurre con la "seguridad" de tener el dinero quieto sin plan. Puede sentirse seguro porque no ves pérdidas. Pero si ese dinero pierde poder de compra con el tiempo, estás asumiendo un riesgo real: el de empobrecerte lentamente sin sentirlo. El cerebro confunde "no ver bajar el número" con "no perder". Y esa confusión es un error de percepción. El riesgo real no solo es perder nominalmente; también es perder capacidad futura.

¿Por qué pasa esto? Porque el cerebro humano es mejor detectando amenazas inmediatas que amenazas lentas. Una caída visible asusta. Un desgaste gradual no. Una noticia dramática te activa. Una erosión constante te adormece. Por eso, si quieres elevar tu techo financiero, necesitas entrenar una habilidad crucial: ver riesgo real aunque no se sienta, y tolerar el riesgo percibido cuando está gestionado.

Aquí entra la idea de entrenar tolerancia con pequeñas exposiciones controladas. No se trata de volverte temerario. Se trata de ampliar tu capacidad de estar en contacto con la incertidumbre sin actuar impulsivamente. La tolerancia al riesgo no es una cualidad innata; es un músculo emocional y cognitivo. Y como todo músculo, se desarrolla con carga progresiva.

Pequeñas exposiciones controladas pueden ser empezar a invertir con una cantidad que no te quite el sueño, solo para acostumbrarte a ver movimientos sin pánico. Puede ser separar una reserva y no tocarla, para entrenarte a vivir con límites. Puede ser diversificar poco a poco: una segunda fuente de ingreso, un proyecto paralelo, una habilidad adicional. Puede ser practicar decisiones con riesgo acotado: decir que no a un gasto por impulso y observar que no te mueres, que la ansiedad baja, que la vida sigue. Cada exposición controlada tiene un objetivo: enseñarle a tu sistema nervioso que la incomodidad no es peligro.

Porque aquí hay otra confusión central: muchas personas interpretan incomodidad como amenaza. Sienten incertidumbre y su cuerpo dice "peligro". Entonces buscan apagarla con acciones rápidas: comprar, evitar, posponer, aferrarse a lo conocido. Pero la incomodidad, en finanzas, muchas veces es el precio de la libertad. Ahorrar incomoda al principio. Invertir incomoda al principio. Negociar incomoda. Aprender una habilidad nueva incomoda. Reducir gastos fijos incomoda. Esa incomodidad no significa que sea mala decisión; significa que tu cerebro está saliendo de su piloto automático.

Entrenar tolerancia no es solo soportar. Es también construir contexto para que el riesgo percibido baje. Cuando tienes reserva, invertir da menos miedo. Cuando diversificas ingresos, tomar decisiones valientes es más fácil. Cuando tienes habilidades, los cambios no te rompen. En otras palabras, la tolerancia no se entrena solo "aguantando"; se entrena creando infraestructura. La infraestructura convierte la incertidumbre en algo manejable.

Hay un detalle importante: el riesgo real no es solo financiero, es emocional. Una persona sin margen vive con la sensación de que cualquier cosa puede derrumbarla. Esa sensación hace que decida peor. Evita oportunidades. Se aferra a lo conocido. Busca alivio inmediato. Y así, su techo se queda bajo no por falta de talento, sino por falta de base. El riesgo real más grande es vivir en fragilidad sin admitirlo, porque esa fragilidad te condiciona desde adentro.

Cuando empiezas a ver el riesgo con claridad, cambia tu conversación interna. Dejas de decir "invertir es arriesgado" como frase absoluta, y pasas a decir "¿qué riesgo estoy tomando realmente, y puedo asumirlo?". Dejas de decir "esto es seguro" porque no se mueve, y pasas a preguntar "¿qué costo oculto tiene esta seguridad?". Dejas de evitar la incertidumbre y empiezas a gestionarla.

Y ahí aparece la conclusión práctica de este apartado: tu techo no lo determina tu ambición, lo determina tu capacidad de estar en un mundo imperfecto sin perder el juicio. La gente que crece no es la que nunca siente miedo; es la que sabe distinguir miedo de peligro. Sabe cuándo el miedo es solo novedad y cuándo el peligro es real. Sabe reducir riesgos estructurales —reserva, diversificación, habilidades— para poder asumir riesgos calculados que la acercan a libertad.

La seguridad absoluta es la ilusión más cara porque te promete paz a cambio de quedarte quieto. Y quedarte quieto, en un mundo que cambia, no es neutral: es una decisión con costo. Cuando aprendes a diferenciar riesgo percibido de riesgo real, recuperas el volante. Empiezas a construir una vida donde la incertidumbre no manda, pero tampoco te paraliza. Y esa relación madura con la incertidumbre, sostenida con pequeñas exposiciones controladas y una base sólida, es lo que eleva tu techo de verdad.

6.2 La mentalidad del inversor (aunque empieces pequeño)

Mucha gente cree que "ser inversor" es una identidad reservada para quienes tienen grandes cantidades. Como si la mentalidad empezara cuando ya tienes patrimonio. Pero ocurre al revés: el patrimonio aparece cuando tu mente adopta hábitos de inversor incluso con montos pequeños. La mentalidad del inversor no es una cifra; es una forma de ver el tiempo, de interpretar el movimiento y de decidir sin convertir cada fluctuación en un drama personal.

El primer pilar de esa mentalidad es el horizonte. En el corto plazo manda la emoción. El corto plazo te expone a ruido, a titulares, a comparaciones, a subidas y bajadas que se sienten como un juicio sobre tu inteligencia. En el corto plazo, tu cerebro quiere controlar. Y como no puede controlar el mercado, se angustia. Por eso tanta gente "invierte" y termina reaccionando: compra eufórico, vende asustado, persigue lo que ya subió, abandona cuando cae. Ese comportamiento no es falta de información; es falta de horizonte. El corto plazo convierte la inversión en una montaña rusa emocional.

El largo plazo, en cambio, es sistema. Es entender que el objetivo no es adivinar el próximo movimiento, sino participar en un proceso donde el tiempo hace la parte pesada. En el largo plazo, la pregunta deja de ser "¿qué pasará mañana?" y se vuelve "¿qué puedo sostener durante años sin romper mi mente?". Esa es la pregunta del inversor real. Porque el mayor rendimiento suele venir no de la genialidad, sino de la capacidad de permanecer. Permanecer es soportar incertidumbre sin confundirla con fracaso. Permanecer es seguir aportando cuando no hay emoción. Permanecer es resistir el impulso de "hacer algo" solo para sentir control.

Adoptar horizonte largo no significa ser pasivo ni ingenuo. Significa separar lo que controlas de lo que no. Tú controlas tu tasa de ahorro, tu consistencia, tu diversificación, tu exposición al riesgo, tus costos y tu aprendizaje. No controlas las noticias, ni la volatilidad, ni el humor del mercado. Cuando una persona se obsesiona con lo que no controla, se quema. Cuando se enfoca en lo que sí controla, construye. Esa diferencia es mentalidad.

El segundo pilar es la diversificación como anti-ego. El ego quiere una idea perfecta. Quiere "la" inversión que lo valide. Quiere sentirse especial: el que vio lo que otros no vieron, el que apostó y ganó. Ese deseo es humano, pero financiero es peligroso, porque te empuja a concentrar demasiado. A poner demasiado en una sola cosa. A justificar riesgos que no te puedes permitir. La diversificación es una forma de humildad práctica: aceptar que no sabes, que el mundo es complejo, y que tu vida no debería depender de acertar una predicción.

Diversificar no es solo repartir por repartir. Es reconocer que distintos activos y estrategias se comportan de manera distinta. Es reducir la probabilidad de que un evento te destruya. Es, literalmente, negarte a apostar tu vida a una idea. Y esa negativa es libertad. Cuando estás diversificado, puedes pensar con más calma. No estás pendiente de un único resultado. No necesitas tener razón en una sola narrativa. Puedes equivocarte en una parte y aun así sostenerte. Esa estabilidad emocional es una ventaja competitiva enorme, porque te permite actuar con juicio cuando otros reaccionan con pánico.

Además, la diversificación también es psicológica. Cuando tu identidad está pegada a una inversión ("yo soy el que cree en esto"), vender o ajustar se siente como traición personal. Te aferras por orgullo. La diversificación te separa de esa trampa, porque ninguna posición representa quién eres. Tu identidad no es tu cartera. Tu cartera es una herramienta. Y cuanto más puedas mantener esa distancia, mejor decides.

El tercer pilar es aprender el lenguaje básico. No para sonar sofisticado, sino para no ser víctima de tus propias confusiones. Hay cuatro palabras que, si las entiendes de verdad, te cambian la relación con el dinero: inflación, interés compuesto, volatilidad y liquidez.

La inflación es el recordatorio incómodo de que "guardar" no siempre es proteger. Si el costo de vida sube y tu dinero no crece, estás perdiendo poder adquisitivo aunque el número en tu cuenta no cambie. Esa pérdida es silenciosa y, por eso, es peligrosa: no activa alarma, pero erosiona. Entender la inflación te empuja a pensar en el dinero como algo que necesita función, no solo lugar. Necesita un rol: reserva, inversión, gasto. Y cada rol tiene reglas distintas.

El interés compuesto es la magia real, pero no es magia: es repetición en el tiempo. Es el efecto de ganar rendimiento sobre rendimiento. Su mayor aliado es la constancia, y su mayor enemigo es la interrupción. Cuando entiendes el compuesto, te vuelves menos obsesivo con "ganar mucho rápido" y más fiel a "aportar de forma regular". También te vuelve más paciente con procesos que parecen lentos al inicio. El compuesto es humilde: al principio se ve pequeño, y luego se vuelve enorme. Pero solo si permaneces.

La volatilidad es el movimiento. Es la razón por la que invertir se siente arriesgado: porque el precio sube y baja. Pero volatilidad no es sinónimo de pérdida permanente. Es un rasgo del camino, no necesariamente del destino. Si tu horizonte es largo y tu sistema es sólido, la volatilidad es un costo emocional que puedes aprender a tolerar. Si tu horizonte es corto o tu inversión te quita el sueño, la volatilidad te dominará. Entenderla es poder interpretarla sin pánico.

Y la liquidez es tu capacidad de convertir algo en dinero rápido sin perder demasiado valor. La liquidez es la diferencia entre tener un activo y poder usarlo cuando lo necesitas. Mucha gente se mete en decisiones "rentables" en papel, pero se queda atrapada porque no puede salir cuando hace falta. Entender la liquidez te protege de construir una riqueza rígida, una riqueza que existe pero no respira. La buena riqueza tiene estructura y también flexibilidad.

Cuando juntas horizonte largo, diversificación y lenguaje básico, ocurre algo: dejas de ver la inversión como un casino y empiezas a verla como una extensión de tu sistema. No inviertes para sentir adrenalina, inviertes para construir opciones. Y esa intención cambia cómo te comportas. No persigues modas; construyes hábitos. No necesitas estar mirando cada día; necesitas revisar con criterio. No buscas certeza; gestionas riesgos.

6.3 Gestión de riesgo personal

Hablar de riesgo sin hablar de tu vida real es incompleto. Porque tu mejor inversión no es un producto; es tu infraestructura. Antes de escalar, necesitas base. Y la base se llama seguro, reserva y estabilidad de ingresos. Esto no suena glamoroso, pero es lo que te permite tomar decisiones sin vivir en modo supervivencia.

El seguro es una forma de transferir riesgos que podrían destruirte. No se trata de temer; se trata de reconocer que hay eventos de baja probabilidad y alto impacto. Enfermedad, accidente, daño, responsabilidad, pérdidas inesperadas. Cuando no estás cubierto, un evento te puede obligar a endeudarte, a liquidar inversiones en mal momento o a aceptar condiciones laborales por pánico. El seguro no te hace rico, pero evita que te empobrezcas por un golpe. Y evitar golpes grandes es una forma de riqueza.

La reserva es tu amortiguador. No es solo dinero guardado; es tranquilidad estructural. Te da tiempo. Y el tiempo es el recurso que convierte problemas en decisiones en lugar de emergencias. Con reserva, puedes elegir. Sin reserva, negocias desde la necesidad. Y negociar desde la necesidad suele salir caro. La reserva no tiene que ser enorme para empezar; tiene que existir y crecer. Es el suelo sobre el cual puedes arriesgar con inteligencia.

La estabilidad de ingresos es el tercer elemento. No siempre significa tener un empleo fijo; significa reducir la fragilidad. Significa que tus ingresos no dependan de un hilo. Si eres autónomo, puede significar diversificar clientes, construir retención, crear productos, establecer contratos. Si eres empleado, puede significar mejorar tu empleabilidad y reducir tus compromisos fijos. La estabilidad no es una garantía; es una arquitectura.

De ahí pasamos a una palabra que suena técnica pero es muy humana: redundancia. La redundancia es tener más de una vía. Dos fuentes de ingreso, dos habilidades monetizables. No porque desconfíes del mundo, sino porque entiendes que la vida cambia. La redundancia baja tu ansiedad y, por tanto, mejora tu juicio. Te permite decir "no" a lo que te explota. Te permite negociar sin miedo. Te permite invertir sin sentir que estás jugando con tu supervivencia.

Dos fuentes de ingreso no significa hacer mil cosas. Significa tener un segundo canal viable. Puede ser un proyecto paralelo, una inversión en habilidades que te abre consultoría, una actividad escalable, un trabajo por contrato, una colaboración recurrente. La clave es que sea suficientemente real como para sostenerte si la principal falla, aunque sea en versión mínima. Y dos habilidades monetizables significa que no estás atrapado en una sola identidad profesional. Si una industria se enfría, tienes otra forma de aportar valor.

La redundancia también tiene una dimensión mental: te recuerda que no eres tu puesto, ni tu empresa, ni tu título. Eres tu capacidad de crear valor. Y esa capacidad se puede trasladar. Cuando interiorizas eso, tu relación con el riesgo mejora, porque la incertidumbre ya no amenaza tu identidad. Amenaza, como mucho, una forma concreta de ingreso. Y tú puedes adaptar la forma.

Por último, necesitas distinguir entre decisiones irreversibles y reversibles. Esta distinción es crucial porque no todos los riesgos se gestionan igual. Una decisión reversible es aquella de la que puedes salir con costo limitado: probar un proyecto pequeño, aprender una habilidad, invertir un monto que no te rompe, ajustar un gasto, cambiar una rutina. En estas decisiones conviene moverse rápido y aprender. El costo de esperar suele ser mayor que el costo de equivocarte. Ahí, la acción es aliada.

Una decisión irreversible, en cambio, es aquella que puede dejarte marcado por años: una deuda grande sin colchón, un compromiso fijo enorme, una inversión ilíquida que te ata, un contrato que te limita, una decisión que impacta salud o familia de forma profunda. Estas decisiones requieren protección. Protección significa más análisis, más margen, más planes alternativos, más prudencia. No prudencia por miedo, sino por respeto al impacto.

La gestión de riesgo personal consiste en esto: moverte rápido en lo reversible para crecer, y moverte lento en lo irreversible para protegerte. Mucha gente hace lo contrario. Se paraliza con decisiones pequeñas porque quiere certeza, y luego se lanza a decisiones grandes por impulso o presión social. Ese patrón es una receta para la fragilidad. El patrón correcto es el inverso: experimentar con lo pequeño, blindar lo grande.

Cuando construyes infraestructura —seguro, reserva, estabilidad— y añades redundancia y criterio de reversibilidad, tu relación con el riesgo cambia. Ya no buscas seguridad absoluta, porque sabes que es una ilusión cara. Buscas resiliencia. Y la resiliencia es más poderosa que la seguridad, porque funciona en un mundo que cambia. Te permite invertir con calma, trabajar con menos miedo, elegir con más libertad. Y esa libertad no viene de evitar la incertidumbre, sino de construir una vida capaz de sostenerla sin romperse.

Capítulo 7 — La riqueza se construye con atención: foco y energía

7.1 El costo de la distracción en dinero

Si alguien te robara cien euros de la cartera, lo notarías. Si alguien te robara una hora al día, probablemente ni lo verías. Y, sin embargo, esa hora robada puede costarte mucho más que cien euros. La riqueza se construye con recursos visibles —dinero, tiempo, activos— pero se pierde con recursos invisibles: atención, energía y claridad. Por eso este capítulo empieza aquí: en el costo real de la distracción. Porque la distracción no solo te quita productividad; te quita juicio. Y cuando te quita juicio, te quita dinero.

La distracción moderna tiene una característica peligrosa: se siente inocente. No llega como un enemigo con uniforme. Llega como notificación, como multitarea, como "solo cinco minutos", como "voy a mirar esto mientras tanto". Se instala como estilo de vida. Y cuando la distracción se vuelve el aire que respiras, tus finanzas también se vuelven dispersas: compras sin pensar, pospones lo importante, tomas decisiones con prisa, olvidas revisar, te pierdes en el ruido. No es que no te importe tu futuro; es que tu mente nunca está lo bastante quieta para construirlo.

Empecemos por la multitarea. La multitarea se vende como habilidad, pero en la práctica suele ser un impuesto. Cambiar de contexto una y otra vez tiene un costo mental. No solo tardas más; cometes más errores. Y los errores, en el mundo financiero, son caros. Un pago tarde por olvido, una suscripción que se renueva porque no la cancelaste, una compra duplicada, un contrato que firmas sin leer bien, un correo que no respondes a tiempo y pierdes una oportunidad. Todo eso parece pequeño, pero tiene un patrón: ocurre cuando la mente está fragmentada.

La multitarea también aumenta el estrés de fondo. Vivir saltando entre tareas deja una sensación constante de "no llego". Esa sensación empuja al cerebro a buscar alivio rápido. Y el alivio rápido suele ser consumo. Comida rápida, compras impulsivas, entretenimiento pagado, "me lo merezco", "necesito desconectar". Aquí aparece un vínculo clave: la distracción no solo reduce tu eficacia, aumenta tu vulnerabilidad a la gratificación instantánea. Cuando estás disperso, tu autocontrol baja. No porque seas débil, sino porque tu energía ejecutiva está gastada en cambiar de foco. El cerebro, agotado, busca lo fácil.

Por eso no es casualidad que muchas compras impulsivas ocurran en momentos de cansancio y dispersión. Estás haciendo algo, a medias, y aparece un estímulo: una oferta, un anuncio, una recomendación, una comparación. Tu mente ya está abierta, ya está saltando. Entonces el impulso entra sin resistencia. No hay pausa, no hay pregunta, no hay criterio. Solo un click que promete una microdosis de satisfacción. La multitarea crea el ambiente perfecto para que ese click sea automático. Y el gasto automático es uno de los grandes enemigos del patrimonio.

Ahora hablemos del "gasto de fuga". Este concepto es simple: dinero que se va por pequeñas decisiones repetidas que no duelen lo suficiente como para ser cuestionadas. No es el gran gasto ocasional el que arruina a la mayoría; es el goteo. Suscripciones olvidadas, comisiones, pedidos por comodidad, taxis por prisa, compras pequeñas para calmar ansiedad, "detalles" que parecen insignificantes. El gasto de fuga es peligroso porque no activa alarma. Como no duele, no se corrige. Y como no se corrige, se vuelve normal.

La distracción alimenta el gasto de fuga de dos maneras. La primera es por falta de revisión. Si no revisas tus movimientos con regularidad, las fugas siguen abiertas. El dinero se va y tú no lo notas, o lo notas tarde. La segunda es por decisiones micro que ocurren sin conciencia: compras por impulso, "lo añado al carrito", "solo hoy", "luego lo devuelvo". La mente distraída vive en el presente. Y en el presente, lo pequeño parece irrelevante. Pero el patrimonio se construye en acumulación. Lo pequeño repetido es enorme.

Además, el gasto de fuga no es solo dinero; es también energía mental. Cada fuga es una decisión pendiente. Cada cargo que no entiendes, cada servicio que no usas, cada pago que te sorprende, crea fricción interna. Te roba calma. Y esa calma es necesaria para decidir bien sobre cosas grandes. Una vida llena de fugas se siente pesada. Y cuando se siente pesada, es más fácil caer en el "ya qué más da", en el impulso de gastar porque "igual no estoy avanzando". Ahí el ciclo se cierra: la falta de progreso alimenta la búsqueda de alivio, y el alivio alimenta la falta de progreso.

Por eso, si quieres construir riqueza, tienes que medir tu atención como si fuera un presupuesto. Esto suena extraño al principio, porque estamos acostumbrados a presupuestar dinero, no mente. Pero en realidad es más importante presupuestar mente. Tu atención se gasta. Se agota. Y lo que haces con ella determina lo que haces con tu dinero.

Medir tu atención como presupuesto significa reconocer tres recursos: horas, energía y concentración. Las horas son el tiempo disponible. La energía es la capacidad de actuar sin resistencia excesiva. La concentración es la capacidad de sostener un pensamiento sin que se rompa. Puedes tener horas y no tener energía. Puedes tener energía y no tener concentración porque estás saturado de estímulos. La riqueza necesita los tres en cierto equilibrio.

Cuando no presupuestas tu atención, otras fuerzas lo hacen por ti. Tu teléfono decide. Tu correo decide. Tu entorno decide. Las urgencias de otros deciden. Y entonces tu vida se llena de tareas reactivas que ocupan el día pero no construyen nada. Esto tiene un impacto directo en tu economía: produces menos valor, aprendes más lento, negocias peor, dejas dinero sobre la mesa. La distracción no solo te quita eficiencia; te quita palancas.

Piensa en cómo se crea dinero en el mundo real. Se crea resolviendo problemas, creando algo que otros valoran, mejorando habilidades, vendiendo, negociando, tomando decisiones estratégicas. Todo eso requiere atención sostenida. No ocurre en fragmentos de treinta segundos. Y, sin embargo, la vida moderna te entrena para vivir en fragmentos de treinta segundos. Entonces te vuelves hábil en responder, pero malo en construir. Te vuelves rápido en reaccionar, pero lento en avanzar. Esa diferencia es la brecha entre gente que "se mantiene ocupada" y gente que crea patrimonio.

Presupuestar atención también significa ver que no todo cansa igual. Hay actividades que te recargan y otras que te drenan. Hay distracciones que parecen descanso, pero en realidad te dejan más inquieto. Scrollear no descansa; anestesia. Y la anestesia te deja igual o peor. El descanso real suele ser más simple: caminar, dormir, respirar, conversar, leer con calma, estar sin estímulo un rato. Cuando sustituyes anestesia por descanso real, tu capacidad de decidir mejora. Y cuando tu capacidad de decidir mejora, tus finanzas se ordenan sin necesidad de convertirlo en una batalla.

El costo de la distracción también se ve en el tipo de decisiones que postergas. Con la mente fragmentada, tiendes a evitar lo que exige claridad: revisar gastos, planear inversiones, renegociar un contrato, aprender algo nuevo, ordenar deudas, pensar en estrategia. Todo lo que da riqueza es, en parte, incómodo al inicio porque exige foco. Y como exige foco, la mente distraída lo evita. En cambio, hace cosas fáciles: responder mensajes, mirar ofertas, consumir contenido, resolver urgencias ajenas. Al final del día, sientes que hiciste mucho, pero no construiste. Y esa sensación repetida es peligrosa: te acostumbra a vivir sin progreso real.

La solución no es volverte rígido ni odiar la tecnología. La solución es recuperar soberanía sobre tu atención. Porque tu atención es el primer activo. Si la pierdes, el dinero le sigue: gastas para calmarte, pierdes oportunidades por descuido, avanzas lento, te estresas, compensas con consumo. Si la recuperas, ocurre lo contrario: tienes claridad, eliges mejor, reduces fugas, creas valor, y el dinero empieza a comportarse como resultado, no como accidente.

Este apartado te deja una idea práctica: tu cuenta bancaria es un espejo de tu atención. Cuando tu atención está fragmentada, tu dinero se fragmenta. Cuando tu atención está enfocada, tu dinero se ordena. No por magia, sino por causa y efecto. Y si hoy sientes que te cuesta avanzar, quizá no te falte ambición ni capacidad. Quizá te falte presupuesto de atención. Y cuando empieces a tratar tu foco como un recurso que se protege, verás algo sorprendente: muchas decisiones financieras se vuelven fáciles, porque dejas de tomarlas en estado de dispersión. Ahí empieza un tipo de riqueza silenciosa: la de una mente que no está disponible para cualquier estímulo, sino comprometida con su futuro.

7.2 Trabajo profundo aplicado a riqueza

Si tu atención es un activo, entonces el trabajo profundo es la inversión que lo multiplica. No es una palabra de moda, es un fenómeno observable: cuando reservas espacios de enfoque sin interrupciones, produces mejor, aprendes más rápido y tomas decisiones con menos ruido. Y eso, en economía personal, tiene un impacto directo. La mayoría de las personas no está pobre de talento; está pobre de bloques de concentración. Su día se desarma en fragmentos. Y, con fragmentos, construyes poco. Puedes sobrevivir respondiendo, pero no creas patrimonio respondiendo.

Aplicar trabajo profundo a riqueza significa tratar tu semana como una arquitectura. En vez de "hacer lo que salga", defines bloques de enfoque con intención. No necesitas vivir en un monasterio ni trabajar doce horas. Necesitas, como mínimo, ventanas donde tu mente pueda entrar en modo constructor. Hay cuatro tipos de bloques que, si los colocas bien, cambian tu trayectoria económica: aprendizaje, creación, ventas y mejora.

El aprendizaje es el bloque donde aumentas tu capacidad futura. Leer, estudiar, practicar una habilidad, entender un tema clave de tu industria, mejorar una herramienta. Si lo dejas para "cuando haya tiempo", no ocurrirá. Y si no ocurre, tu valor en el mercado se estanca. Aprender es el tipo de esfuerzo que no da recompensa inmediata, por eso el cerebro lo evita. Precisamente por eso necesita bloque: un lugar protegido donde el aprendizaje no compite con urgencias. No es acumular teoría; es aprender con propósito. Aprender para producir mejores resultados, para evitar errores caros, para negociar con más autoridad.

La creación es el bloque donde produces algo que existe sin ti. Un texto, un producto, un sistema, una propuesta, un portfolio, una estrategia, un proceso, una pieza de contenido útil, una automatización. La creación es lo que convierte tiempo en activos. Y la creación necesita continuidad mental. Si la interrumpes cada cinco minutos, vuelves a empezar cada vez. Eso es agotador y lento. En cambio, cuando entras en un tramo largo de enfoque, algo se desbloquea: conectas ideas, ves patrones, tomas decisiones mejores. La creación profunda es una fábrica silenciosa. No suena a progreso porque no tiene notificaciones, pero es el tipo de progreso que se acumula.

Las ventas son el bloque que la mayoría evita por incomodidad, pero que suele ser el más rentable. "Ventas" no significa manipular; significa comunicar valor, proponer, pedir, cerrar. En el mundo real, muchos ingresos no aumentan por falta de habilidad técnica, sino por falta de contacto con el mercado. Si no ofreces, no te compran. Si no negocias, no te suben. Si no conversas, no te recomiendan. Las ventas requieren energía emocional: tolerar el rechazo, sostener claridad, insistir con respeto. Y esa energía se cuida con bloques. Un bloque de ventas te permite entrar en modo activo: enviar propuestas, hacer llamadas, responder con intención, seguir leads, pedir referencias, ajustar precios. No se trata de hacerlo todo el día; se trata de hacerlo con foco para que deje de ser una tarea pendiente eterna.

La mejora es el bloque donde arreglas tu sistema. Revisas números, ordenas procesos, reduces fugas, automatizas, limpias compromisos, ajustas rutinas. La mejora es mantenimiento inteligente. La gente suele caer en dos extremos: o vive en caos, o vive obsesionada con la optimización. La mejora útil está en el medio: pequeños ajustes regulares que evitan incendios. Un bloque breve de mejora semanal puede ahorrar más dinero y más estrés que muchos esfuerzos dramáticos. Porque corta fugas, reduce errores y libera atención.

Cuando organizas tu semana con estos bloques, aparece un efecto poderoso: te vuelves menos reactivo. Dejas de depender de la motivación. Tu vida financiera deja de ser un conjunto de reacciones y se convierte en una agenda de construcción. Y, a partir de ahí, tiene sentido aplicar la regla 80/20 personal: identificar qué 20% de lo que haces produce el 80% de tus resultados económicos.

El 80/20 no es una fórmula exacta; es una lente. Te obliga a ver que no todo esfuerzo vale lo mismo. Hay actividades que generan retorno, y hay actividades que solo generan sensación de ocupación. Tu trabajo profundo consiste, en gran parte, en encontrar tu 20% y protegerlo. Ese 20% puede ser una habilidad específica, un tipo de cliente, un canal de ventas, un producto, una rutina de creación, un formato de contenido, una alianza estratégica. Es lo que te mueve la aguja. Y, cuando lo encuentras, tu prioridad ya no debería ser "hacer más", sino "hacer más de lo que funciona".

Para descubrir tu 20%, necesitas honestidad con tus resultados. ¿Qué te ha traído dinero de verdad en los últimos meses? ¿Qué te ha traído oportunidades? ¿Qué conversaciones abrieron puertas? ¿Qué tipo de trabajo te pagan mejor y además puedes sostener? ¿Qué tareas, aunque te gusten, no cambian tus ingresos ni tu patrimonio? Estas preguntas son incómodas porque te obligan a dejar de romantizar la ocupación. Pero son liberadoras porque te devuelven dirección.

El enemigo aquí son las tareas "ocupadas": tareas que llenan el día y vacían la semana. Responder por responder, reuniones que podrían ser un mensaje, ajustes estéticos que no aumentan valor, perfeccionismo en detalles que el mercado no paga, consumir información sin aplicarla, revisar estadísticas por ansiedad. Estas tareas son seductoras porque dan sensación de movimiento sin el riesgo emocional de hacer lo que importa. Hacer trabajo profundo da miedo porque te expone: puedes fallar, puedes ser juzgado, puedes descubrir que no eras tan bueno como creías. Las tareas ocupadas te protegen de ese miedo. Pero te cobran con tiempo y con dinero.

Eliminar tareas ocupadas no significa volverte frío ni eliminar lo humano. Significa poner cada cosa en su lugar. Hay un tipo de trabajo administrativo necesario, claro, pero debe estar acotado. Si el 70% de tu energía se va en cosas que no crean valor ni aumentan patrimonio, estás sosteniendo una vida de mantenimiento. Y una vida de mantenimiento es una vida donde el ingreso depende de esfuerzo constante, no de sistema.

La meta del trabajo profundo aplicado a riqueza es simple: reservar lo mejor de tu mente para lo que te multiplica. Aprender para aumentar valor, crear para generar activos, vender para conectar con el mercado, mejorar para reducir fugas. Cuando esto se vuelve hábito, tu economía cambia sin que tengas que hacer magia. Porque tu atención deja de diluirse y empieza a acumularse en lugares con retorno.

7.3 Salud como multiplicador financiero

Hablar de foco sin hablar de salud es como hablar de motor sin hablar de combustible. Puedes tener estrategias perfectas y aun así sabotearlas si tu cuerpo está agotado. La salud no es un lujo separado de las finanzas; es un multiplicador financiero. Afecta tus decisiones, tu paciencia, tu disciplina, tu capacidad de aprender y tu tolerancia al riesgo. Si tu cuerpo está mal, tu mente decide caro.

El sueño es el primer pilar. Dormir mal no solo te deja cansado; te vuelve impulsivo. Reduce tu capacidad de pensar a largo plazo. Aumenta tu apetito por recompensas rápidas. Te hace más sensible al estrés y menos resistente a la tentación. Muchas compras impulsivas no nacen de deseo real, nacen de fatiga. La fatiga te susurra "hazlo fácil", y lo fácil suele costar dinero: delivery, compras rápidas, soluciones instantáneas. Con buen sueño, tu mente tiene freno. Con mal sueño, tu freno falla.

La alimentación es el segundo pilar, no desde la obsesión, sino desde la estabilidad. Comer de forma caótica te deja en picos y bajadas de energía. En los picos te sobreestimas; en las bajadas te rindes. Ese vaivén afecta la consistencia, que es la base de la riqueza. Además, la alimentación influye en el estado emocional. Cuando estás irritable o ansioso por desregulación física, tu cerebro busca compensación. Y la compensación, otra vez, suele ser consumo o evasión. Comer de forma simple y sostenida no es "vida perfecta"; es higiene mental aplicada al dinero.

El movimiento es el tercer pilar. No porque el ejercicio "te haga rico", sino porque te devuelve control sobre tu energía. Mover el cuerpo regula estrés, mejora sueño, aumenta claridad y reduce la necesidad de alivio artificial. Cuando caminas, entrenas o te mueves con regularidad, tu sistema nervioso aprende a descargar tensión sin gastar. Y eso cambia tus finanzas de manera indirecta pero poderosa. Menos tensión, menos impulsos. Menos impulsos, menos fugas. Menos fugas, más margen. Más margen, mejores decisiones.

El estrés crónico es el enemigo silencioso. No siempre se siente como alarma; a veces se siente como normalidad. Pero el estrés crónico te empuja al corto plazo. Te hace elegir lo inmediato porque tu cuerpo interpreta que no hay tiempo. Te vuelve más reactivo, más defensivo, más propenso a evitar. Y la evitación es cara: no revisas números, no negocias, no enfrentas deudas, no inviertes, no tomas decisiones que te liberarían. El estrés crónico también te hace buscar escapes: compras, series, redes, alcohol, comida, cualquier cosa que baje la sensación interna. Esos escapes pueden ser entendibles, pero repetidos se vuelven una sangría.

Por eso, hablar de riqueza sin hablar de una rutina mínima es incompleto. No necesitas un plan de atleta. Necesitas un mínimo que sostenga claridad mental. Un mínimo que puedas cumplir incluso en semanas complicadas. El objetivo no es "optimización", es estabilidad. Una rutina mínima es una promesa realista: dormir lo suficiente la mayoría de noches, moverte de forma básica casi todos los días, comer de forma que no te destruya energía, y tener algún ritual de descarga de estrés. Cuando eso existe, tu mente tiene espacio para pensar. Y cuando tu mente puede pensar, tu economía se ordena.

La relación entre salud y finanzas se ve en algo muy concreto: la capacidad de posponer gratificación. Posponer gratificación es la habilidad central de construir patrimonio. Y esa habilidad depende de tu estado fisiológico. Cuando estás agotado, posponer se siente imposible. Cuando estás regulado, posponer se siente natural. La gente suele juzgarse por falta de disciplina, cuando en realidad está luchando contra un cuerpo en deuda de sueño, en estrés constante y en energía baja. No es excusa; es diagnóstico. Y un buen diagnóstico permite soluciones eficaces.

Este capítulo, entonces, cierra un círculo: tu atención crea tu riqueza, pero tu salud sostiene tu atención. El trabajo profundo te da resultados, pero requiere un cuerpo que pueda sostener enfoque. La regla 80/20 te muestra qué importa, pero necesitas energía para hacerlo. Eliminar tareas ocupadas te libera, pero necesitas calma para no volver al hábito de distraerte. Todo está conectado.

Si quieres una vida con opciones, no trates tu energía como un recurso infinito. Trátala como el capital base. Cuídalo con una rutina mínima, protégelo con bloques de enfoque y dirígelo hacia lo que genera retorno. Cuando haces eso, algo cambia: dejas de perseguir riqueza como un golpe de suerte y empiezas a construirla como un resultado natural de una mente clara en un cuerpo sostenible. Y esa es una forma de riqueza que no depende de un mes perfecto, sino de un sistema que se mantiene incluso cuando la vida se complica.

Capítulo 8 — Negociación: la habilidad que te paga toda la vida

8.1 Negociar es comunicar valor (no pedir permiso)

Hay una razón por la que la negociación es una de las habilidades más rentables que puedes desarrollar: se cobra una y otra vez, durante toda la vida. No se cobra solo en el salario o en un contrato grande. Se cobra en cada tarifa que aceptas, en cada condición que firmas, en cada compra que haces, en cada servicio que pagas sin cuestionar, en cada límite que pones o que no pones. La mayoría de las personas piensa que negociar es "conseguir descuento" o "pelear", y por eso lo evita. Pero negociar, en su forma más limpia, es algo mucho más simple y más poderoso: comunicar valor con claridad y sostenerlo con calma. No es pedir permiso. Es exponer una realidad y proponer un intercambio.

Cuando negocias desde "pedir permiso", tu cuerpo transmite inseguridad. Tus palabras suenan a disculpa. Te colocas en un lugar de inferioridad: "¿será que me lo pueden dar?", "si no es molestia", "sé que es mucho pedir". Y la otra parte, consciente o inconscientemente, percibe que tú mismo dudas de tu valor. En cambio, cuando negocias comunicando valor, tu energía cambia: no imploras, propones. No exiges, argumentas. No te justificas, describes. Y esa diferencia es enorme porque la negociación no ocurre solo con lo que dices; ocurre con el marco que instalas.

La negociación no es una batalla por "ganar". Es una conversación sobre intercambio. Tú ofreces algo, la otra parte ofrece algo, y ambos intentan llegar a un acuerdo que tenga sentido. Cuando lo ves así, el miedo baja. Porque ya no estás pidiendo un favor. Estás buscando alineación. Si no hay alineación, no pasa nada: se sigue. La negociación madura no necesita drama.

Para negociar desde valor, el primer paso es definir tu propuesta. Aquí mucha gente falla porque habla de esfuerzo en lugar de hablar de resultados. "Trabajo mucho", "soy responsable", "tengo experiencia". Todo eso puede ser cierto, pero es genérico. Lo que cambia el juego es articular resultados, métricas e impacto. Resultados son lo que entregas: qué cambia gracias a tu trabajo. Métricas son cómo se mide ese cambio: números, tiempos, tasas, calidad, reducción de errores, aumento de ingresos, ahorro de costos, mejora de satisfacción. Impacto es por qué importa: qué problema resuelves, qué riesgo reduces, qué oportunidad desbloqueas.

Definir tu propuesta no significa inventar números ni vender humo. Significa traducir lo que haces al idioma que la otra parte valora. Si negocias con una empresa, ese idioma suele ser dinero, tiempo, riesgo y reputación. Si negocias con un cliente, suele ser claridad, velocidad, resultados, tranquilidad y ahorro de errores. Si negocias con un socio, suele ser confianza, compromiso, alineación y retorno. Tu propuesta se vuelve fuerte cuando no se centra en ti, sino en el efecto que causas.

Esto también te obliga a hacer un ejercicio interno: separar autoestima de precio. Mucha gente negocia mal porque confunde "si me dicen que no" con "no valgo". Entonces habla con miedo. Pero el precio no es un juicio moral; es una variable de mercado y de contexto. La negociación se vuelve más fácil cuando entiendes que la otra parte puede decir no por mil razones que no tienen nada que ver con tu valor: presupuesto, prioridades, política interna, timing, preferencia, alternativa. Si tú lo tomas como rechazo personal, pierdes. Si lo tomas como información, mejoras.

Una propuesta clara también te protege de caer en lo peor de la negociación: hablar demasiado. Cuando no tienes claridad, tiendes a justificarte. Das rodeos. Rellenas silencios. Añades detalles irrelevantes. Y, al hacerlo, debilitas tu propia posición. La claridad es poder tranquilo. Te permite decir menos y sostener más.

Aquí entra la segunda herramienta: practicar "no" y silencio. El "no" es uno de los actos más rentables en negociación porque elimina acuerdos malos. Mucha gente cree que negociar es conseguir más, pero antes de conseguir más, debes evitar ceder de forma automática. El "sí" impulsivo es caro. Te mete en condiciones que luego sostienes con estrés. Te obliga a trabajar de más, a cobrar de menos, a aceptar plazos imposibles. El "no" te devuelve control.

Decir "no" no significa ser agresivo. Significa ser claro. Es una forma de respeto: "Esto no encaja conmigo", "Con esas condiciones no puedo garantizar el resultado", "Ese precio no refleja el alcance", "Prefiero no comprometerme si no puedo hacerlo bien". Ese tipo de "no" protege tu reputación y tu energía. Y tu energía, a largo plazo, vale más que un acuerdo apresurado.

El silencio, por su parte, es una herramienta que mucha gente subestima porque se siente incómodo. En una negociación, el silencio es espacio. Y el espacio hace que la otra parte piense, ajuste, revele información. Cuando tú llenas el silencio por nervios, sueles regalar concesiones antes de que te las pidan. Es un error típico: haces una propuesta y, como no responden rápido, te asustas y bajas tu precio, añades extras o te justificas. Eso enseña a la otra parte que tu primera propuesta no era sólida. El silencio, en cambio, comunica que tú confías en lo que planteaste.

Practicar silencio no es manipular; es sostener tu marco. Es permitir que la conversación se asiente. Es darte el tiempo para escuchar en vez de reaccionar. Muchas negociaciones se pierden no por falta de valor, sino por ansiedad. La ansiedad te empuja a cerrar rápido para quitarte incomodidad. Y cerrar rápido suele salir caro. El silencio te ayuda a tolerar esa incomodidad sin pagarla con tu precio.

Ahora llegamos al tercer pilar: preparar alternativas, tu BATNA. BATNA significa "mejor alternativa a un acuerdo negociado". En palabras simples: qué harás si no hay acuerdo. Esta es la base real del poder en negociación. Sin alternativas, negocias desde miedo. Y cuando negocias desde miedo, aceptas migajas. Dices sí a cosas que te drenan. Te convences de que "es lo que hay". Te vuelves dependiente.

La razón es obvia: si tú necesitas ese acuerdo para sobrevivir, la otra parte lo siente. Puede que no lo use de forma consciente, pero el poder se inclina. En cambio, si tú tienes alternativas, tu cuerpo cambia. Tu voz cambia. Tu mente cambia. No porque te vuelvas arrogante, sino porque estás libre para elegir. La libertad para elegir es el núcleo del poder.

Construir BATNA no siempre significa tener diez ofertas sobre la mesa. A veces es más humilde: tener un plan B realista. Tener ahorro que te permita decir no. Tener más de un cliente. Tener habilidades que te permitan moverte. Tener un proyecto paralelo. Tener la opción de esperar. Tener claridad sobre tus límites. Incluso tener la opción de reducir el alcance: si el presupuesto no da, se reduce el trabajo. Eso también es BATNA: alternativas en estructura, no solo en "otra oferta".

La BATNA también te protege de uno de los grandes venenos: la negociación desde escasez mental. Cuando sientes escasez, todo se vuelve urgente. Te desesperas. Sobrerreaccionas a un "te lo pensamos". Aceptas condiciones para evitar el vacío. La BATNA reduce urgencia. Te permite negociar con paciencia. Y la paciencia es una ventaja enorme porque la mayoría negocia con prisa.

Hay otra dimensión de la BATNA que es más interna: saber quién eres y qué no harás. Mucha gente se sienta a negociar sin haber decidido sus límites, y entonces termina decidiendo en caliente. Y decidir en caliente te lleva a ceder por incomodidad. La negociación efectiva se prepara antes: defines tus condiciones mínimas, tus prioridades, lo que es negociable y lo que no. Así, en la conversación, no improvisas tu dignidad.

Si juntas estos tres elementos —propuesta clara, capacidad de decir no y sostener silencio, y alternativas reales— empiezas a negociar desde estabilidad. Ya no necesitas actuar como alguien duro. De hecho, la negociación más poderosa suele ser la más calmada. Es firme sin ser agresiva. Es clara sin ser hiriente. Es amable sin ser débil. Ese "poder tranquilo" es el que te paga toda la vida, porque te permite construir acuerdos mejores sin perderte en el proceso.

Y aquí está la verdad final de este apartado: negociar no es un evento. Es una identidad. Es convertirte en alguien que no deja su valor en manos del azar ni de la buena voluntad. Alguien que entiende el intercambio, que sabe describir su impacto, que no se vende por ansiedad, y que construye alternativas para no vivir de rodillas ante una sola opción. Cuando adoptas esa identidad, tu ingreso sube, sí, pero también sube algo más importante: tu libertad. Porque, al final, la negociación no solo cambia cifras; cambia la relación entre tu vida y el miedo. Y cuando el miedo deja de decidir, empiezas a elegir de verdad.

8.2 Negociación salarial y de honorarios

Negociar salario u honorarios no es un acto de "pedir más", es un acto de alinear valor con compensación. La mayoría de la gente llega a esa conversación desde la emoción: culpa, miedo a parecer ambicioso, temor al rechazo, o la fantasía de que "si trabajo bien me lo reconocerán". A veces ocurre, pero confiar en eso es dejar tu vida económica en manos de interpretaciones ajenas. La negociación madura se prepara. Y se prepara con evidencia.

Documentar valor es la parte que separa a quien negocia desde deseo de quien negocia desde realidad. Si tu argumento es "me esfuerzo" o "me lo merezco", entras en un terreno resbaladizo porque es subjetivo. La otra parte puede pensar "todos se esfuerzan". En cambio, cuando documentas valor, conviertes la conversación en algo medible. El objetivo no es impresionar, es clarificar. ¿Qué cambió gracias a ti? ¿Qué se aceleró? ¿Qué se evitó? ¿Qué mejoró de forma repetible?

Los logros son más potentes cuando tienen forma de historia breve con antes y después. Antes había un problema, un cuello de botella, un costo, un riesgo. Después de tu intervención, el sistema funciona mejor. Si puedes poner números, mejor: porcentaje, tiempo ahorrado, reducción de errores, aumento de conversión, mejora de retención, crecimiento de ingresos, reducción de costos, cumplimiento de plazos. Pero incluso cuando no hay números exactos, puedes documentar indicadores concretos: procesos implementados, clientes retenidos, proyectos entregados, crisis resueltas, equipos coordinados, calidad mejorada. La clave es que la evidencia sea específica, no decorativa.

Los casos también ayudan porque muestran repetición. Un logro aislado puede interpretarse como suerte. Dos o tres casos coherentes muestran patrón. Y lo que el mercado paga es patrón, no accidente. Por eso conviene llevar un registro vivo, aunque sea simple: una lista de resultados por trimestre. No para alimentar el ego, sino para construir tu argumento sin tener que recordar bajo presión. Además, este registro te permite ver tu propia evolución y te ayuda a decidir con criterio qué tipo de trabajo te conviene y cuál no.

Los testimonios, por su parte, son una palanca social. Cuando un cliente o un líder reconoce tu impacto, eso reduce la fricción de la negociación porque no es solo tu voz. No necesitas coleccionar alabanzas; necesitas evidencia de confianza. Un mensaje donde alguien diga "esto nos ayudó", "esto resolvió", "esto fue clave" puede ser más valioso que mil adjetivos. Y, si trabajas de forma independiente, los testimonios también sostienen tu precio ante nuevos clientes, porque el precio alto sin prueba genera resistencia, mientras que el precio alto con prueba genera curiosidad.

Una vez que tienes evidencia, la segunda decisión crucial es la estructura. Mucha gente negocia solo un número: "quiero X". Pero el dinero puede estructurarse de formas que beneficien a ambas partes. Y entender estructuras te vuelve más flexible sin volverte barato.

El esquema fijo + variable es un ejemplo. Puedes proponer una base que te dé estabilidad y un componente ligado a resultados o hitos. Esto es poderoso porque reduce el miedo de la otra parte: paga más si obtiene más. Y te protege a ti porque no quedas completamente expuesto al azar. También es útil cuando hay incertidumbre en el alcance: puedes acordar una base por disponibilidad y un variable por objetivos medibles.

Los paquetes son otra estructura que transforma la conversación. En vez de vender "horas", empaquetas resultados: un conjunto de entregables que resuelven un problema completo. El paquete cambia la percepción porque la persona deja de calcular tu tiempo y empieza a calcular su beneficio. Además, el paquete te protege del desgaste de negociar cada pequeña tarea. La gente paga más cuando entiende qué compra. Y entiende mejor cuando lo presentas como solución, no como lista de esfuerzos.

Los escalones también sirven. Puedes ofrecer niveles de servicio: una versión esencial, una estándar y una premium, por ejemplo. Aunque no uses esos nombres, el concepto es que haya opciones. Las opciones son una herramienta de negociación porque reducen el "sí o no" y lo convierten en "¿cuál?". Además, te permiten defender tu precio sin pelear: si el presupuesto no alcanza, no bajas tu valor; ajustas el alcance. Eso mantiene tu integridad y evita el resentimiento de "cedí demasiado".

Las revisiones programadas son otra pieza clave. Mucha gente acepta un salario o una tarifa y luego se queda años sin revisarla, esperando reconocimiento espontáneo. Es un error estructural. La revisión no debería depender de un acto de generosidad; debería ser parte del acuerdo. Una conversación de revisión trimestral o semestral, con criterios claros, reduce tensión porque no es "un pedido inesperado"; es el sistema. Y un sistema protege tu crecimiento.

Ahora bien, incluso con evidencia y estructura, hay un punto delicado: el lenguaje. Subir precio sin arrogancia es una habilidad que se entrena. El objetivo no es sonar dominante; es sonar claro. La arrogancia empuja, la claridad sostiene. Una frase útil no es una frase "agresiva", es una frase precisa que conecta tu propuesta con el valor.

Cuando comunicas aumento, conviene hacerlo con calma y razón, sin justificarse de más. Puedes anclar en resultados, en mercado, en alcance o en prioridad. Lo importante es hablar desde criterios, no desde emoción. Si suenas nervioso, transmites que tu precio es negociable por inseguridad. Si suenas rígido, transmites que no hay colaboración. La postura eficaz es firme y abierta: esto es lo que vale, y veamos cómo lo hacemos funcionar.

También ayuda tener límites internos antes de hablar. Si no sabes cuál es tu mínimo, improvisarás bajo presión. Y cuando improvisas, suele ganar el miedo. Un mínimo claro te permite negociar sin traicionarte. Y ese respeto propio se nota. La negociación no siempre termina en "sí", pero siempre debería terminar con tu dignidad intacta. Porque perder un acuerdo es menos caro que aceptar uno que te drena energía y te deja sin margen para construir futuro.

8.3 Negociación en compras y finanzas diarias

La negociación no vive solo en grandes contratos. Vive en lo cotidiano, donde se acumulan las diferencias que parecen pequeñas. Mucha gente acepta cargos, tarifas y renovaciones por inercia. Y esa inercia tiene precio. Negociar en finanzas diarias no significa convertir tu vida en regateo constante; significa recuperar el hábito de preguntar, comparar y decidir con intención.

Renegociar servicios es una de las formas más simples de aumentar tu margen sin "ganar más". Tarifas bancarias, comisiones, planes de internet, telefonía, seguros, plataformas, suscripciones. El mercado cambia, y los proveedores cuentan con que tú no revisarás. Cuando revisas, muchas veces aparecen opciones mejores, descuentos por fidelidad, ajustes por competencia, planes que encajan mejor. No siempre te darán algo, pero el solo acto de pedir reeduca tu relación con el dinero: dejas de ser un pagador automático y te conviertes en un decisor.

La mayoría evita renegociar por pereza o incomodidad. Pero esa incomodidad es exactamente el impuesto que pagas por no hacerlo. Una llamada incómoda puede ahorrarte meses de goteo. Y, más importante aún, te entrena en una identidad: "soy alguien que cuida sus condiciones". Esa identidad, sostenida, se traduce luego en negociaciones grandes con menos miedo.

Negociar en compras también exige aprender a comparar bien. La comparación superficial es mirar el precio y ya. La comparación inteligente mira el coste total, la garantía, el mantenimiento y la reventa. El coste total incluye lo que pagarás para sostener ese objeto o servicio: consumibles, reparaciones, tiempo, accesorios, comisiones, interés si financias, y la probabilidad de reemplazo temprano. A veces lo barato sale caro no por cliché, sino por matemática y estrés.

La garantía es tranquilidad. No solo por si algo falla, sino porque reduce la ansiedad de compra. Cuando compras con cobertura clara, tu mente descansa. Cuando compras sin cobertura o con condiciones opacas, el precio real incluye incertidumbre. El mantenimiento es el costo continuo: tiempo y dinero para que la cosa funcione. Y la reventa, cuando aplica, cambia el cálculo: lo que hoy compras puede recuperar parte de su valor o puede hundirse. Si no miras esto, decides con una foto, no con una película.

Comparar bien también significa comparar alternativas no monetarias. A veces la mejor decisión no es comprar, sino esperar, alquilar, compartir, usar lo que ya tienes, o elegir una versión más simple. El consumo muchas veces se basa en la idea de que "necesitas" algo para avanzar, cuando en realidad necesitas un sistema. Y un sistema suele ser más barato que un objeto.

Aquí entra la regla de oro: si no puedes explicarlo simple, no lo compres. Esta regla no es anticonsumo; es anti-autoengaño. Cuando una compra es buena, puedes explicarla con claridad: qué resuelve, cuánto cuesta en total, por qué ahora, cuál es el plan, qué sacrificas a cambio, qué riesgo asumes. Si empiezas a enredarte, si necesitas historias largas para justificarla, si la explicación depende de "me hará sentir", probablemente estás comprando emoción y no valor. Y comprar emoción no es pecado, pero es peligroso si lo haces con dinero que debería construir margen.

Lo mismo aplica a decisiones financieras más sofisticadas. Si una inversión o un producto es tan complejo que no puedes describir su lógica en términos simples, estás comprando fe. Y la fe es un mal consejero financiero. No porque no existan instrumentos complejos útiles, sino porque lo complejo suele venir con opacidad, comisiones y riesgos que no ves. La claridad protege. Si no hay claridad, no hay control. Y si no hay control, no hay negociación: hay entrega.

Negociar en lo cotidiano tiene un efecto acumulativo. Cada tarifa ajustada, cada suscripción cancelada, cada compra comparada con coste total, cada "no" a un financiamiento innecesario, cada elección simple, construye excedente. Ese excedente luego se convierte en reserva, en inversión, en tranquilidad. Además, reduce el ruido mental de sorpresas y cargos. Y menos ruido mental significa mejores decisiones en general.

Este capítulo, en sus dos apartados, te está llevando a una conclusión práctica: la negociación es una forma de respeto. Respeto por tu valor cuando generas resultados, y respeto por tu dinero cuando lo gastas. No necesitas ser agresivo. Necesitas ser claro. Documentar valor para pedir lo que corresponde. Estructurar acuerdos para que sean sostenibles. Hablar con frases firmes sin arrogancia. Y, en lo cotidiano, revisar, comparar y no comprar lo que no puedes explicar sin vueltas. Si haces eso, la negociación deja de ser un evento incómodo y se vuelve una habilidad tranquila que te paga siempre: en dinero, sí, pero sobre todo en margen, en opciones y en libertad.

Capítulo 9 — Juego largo: paciencia estratégica y coherencia

9.1 El interés compuesto también aplica a hábitos

Cuando la gente escucha "interés compuesto" piensa en dinero creciendo en una cuenta, en inversiones, en números que se multiplican con el tiempo. Pero el interés compuesto más decisivo no vive en un gráfico financiero: vive en tus hábitos. Porque lo que haces cada día, incluso en dosis pequeñas, se acumula. Y lo que dejas de hacer también se acumula. La riqueza, en su versión real, no es un evento; es la consecuencia de una identidad sostenida. Por eso este capítulo empieza con una idea que cambia el marco mental: el interés compuesto no solo aplica a capital, aplica a conducta. Y, de hecho, sin conducta compuesta, el capital compuesto rara vez llega.

Hay una razón por la que "la mayoría abandona justo antes de que se note". Al inicio, el progreso es casi invisible. Lo que ahorras parece poco. Lo que inviertes parece insignificante. Lo que aprendes parece lento. Lo que ordenas parece frágil. En esa fase, tu mente duda: "¿vale la pena?". Y esa duda es el punto crítico. Porque el interés compuesto, en cualquier área, funciona con un patrón injusto a simple vista: la mayor parte del beneficio llega después de un tramo largo de repetición. Al principio, haces mucho y ves poco. Más adelante, haces lo mismo y ves mucho. Esa asimetría explica por qué tanta gente se rinde. No porque sea incapaz, sino porque su cerebro quiere recompensa rápida y no entiende el ritmo del crecimiento real.

En hábitos, el interés compuesto se ve como una brecha que se abre con el tiempo entre dos personas con capacidades similares. La diferencia no es talento; es repetición. Una persona hace pequeñas mejoras diarias. La otra hace picos de motivación y luego vuelve a cero. A los tres meses, no parece gran cosa. Al año, hay distancia. A los tres años, hay una brecha enorme. Y lo más inquietante es que esa brecha no se debe a grandes decisiones heroicas, sino a pequeñas decisiones consistentes. Lo que hoy parece "insignificante" es lo que, con el tiempo, se vuelve determinante.

El problema es que la mente humana subestima lo pequeño y sobreestima lo dramático. Quiere creer que cambiar la vida implica un giro espectacular, una revelación, un gran salto. Pero el juego largo es otro: es construir sistemas que hagan lo correcto más automático. Es convertir decisiones en rituales. Es reducir la fricción de lo que te conviene y aumentar la fricción de lo que te drena. Ese diseño, repetido, acumula ventaja. Y la ventaja, con el tiempo, parece "suerte".

Pequeñas mejoras diarias no significan vivir en modo productividad obsesiva. Significan elegir un mínimo que puedas sostener incluso cuando no tienes ganas. Un mínimo de ahorro, un mínimo de revisión, un mínimo de aprendizaje, un mínimo de movimiento, un mínimo de enfoque. La palabra clave es mínimo. La mayoría falla porque diseña planes máximos: planes que solo una versión ideal de sí mismo podría cumplir. Y como la vida rara vez te deja ser tu versión ideal todos los días, esos planes se rompen. Entonces aparece el ciclo del reinicio: empiezas con fuerza, te caes, te culpas, reinicias con otra estrategia, te caes de nuevo. El reinicio continuo es el enemigo del compuesto. Cada reinicio te hace perder continuidad, y sin continuidad no hay acumulación.

Evitar reinicios es una habilidad estratégica. No se trata de "no fallar", se trata de construir un sistema que sobreviva a semanas malas. Esto es lo que la mayoría no entiende: el objetivo no es ser perfecto; es ser estable. La estabilidad es la condición del crecimiento. En finanzas, esto es obvio: si sacas y metes dinero a cada rato, si inviertes y desinviertes por emociones, no dejas que el tiempo haga su trabajo. En hábitos, es igual: si haces y deshaces tu rutina cada mes, no dejas que tu identidad se consolide.

Un sistema que sobrevive a semanas malas tiene tres características. La primera es que es flexible. No depende de un horario perfecto ni de una energía alta. Tiene versiones. Hay una versión ideal y una versión mínima. En la semana ideal, haces más. En la semana mala, haces lo mínimo. Pero no paras. Porque parar es lo que rompe la cadena y hace que tu mente pierda la sensación de "soy alguien que hace esto". Lo mínimo funciona como puente. Te mantiene en movimiento sin exigir heroísmo.

La segunda característica es que el sistema es simple. Cuando estás cansado, la complejidad te derrota. Si tu plan financiero requiere diez pasos, se rompe. Si tu plan de hábitos requiere muchas decisiones, se rompe. La simplicidad es una forma de respeto a tu humanidad. Los sistemas que sobreviven no son los más elegantes; son los más ejecutables. Y ejecutable significa que un día malo no los destruye.

La tercera característica es que el sistema no depende de motivación, depende de estructura. Esto es clave. La motivación es un clima; cambia. La estructura es arquitectura; se queda. Si necesitas sentirte inspirado para ahorrar, invertir o aprender, dependerás de emociones. En cambio, si tienes automatizaciones, recordatorios, bloques fijos, reglas simples, tu conducta ocurre aunque tu emoción no acompañe. Esa es la diferencia entre "intentar" y "construir".

Aquí aparece un punto sutil: medir progreso por consistencia, no por perfección. La perfección es un estándar cruel porque convierte cualquier fallo en fracaso total. Si un día rompes la dieta, ya "arruinaste" todo. Si un mes gastas de más, ya "no sirve". Si una semana no invertiste, ya "perdiste el hábito". Esa mentalidad crea todo o nada. Y el todo o nada produce reinicios. En cambio, la consistencia se mide por tendencia y continuidad. ¿Sigues volviendo? ¿Sigues aportando? ¿Sigues ajustando? ¿Sigues sosteniendo el mínimo? Ese criterio te mantiene en el juego.

Medir por consistencia también te enseña a ver el progreso como un proceso de mejora gradual, no como un examen. En el juego largo, el objetivo no es tener un mes impecable. Es tener muchos meses razonables. Es construir una vida donde el "promedio" sea bueno. Porque tu vida no se define por tu mejor semana; se define por tu semana promedio. Y la semana promedio se diseña. Se diseña con reglas sencillas, con límites claros, con rituales repetibles, con decisiones que se toman una vez y se ejecutan muchas.

Hay una metáfora útil: el interés compuesto en hábitos es como empujar una rueda grande. Al principio, cuesta. Parece que no se mueve. Te preguntas si vale. Pero si empujas cada día un poco, llega un punto en el que la rueda gana inercia. Y, cuando hay inercia, sostener es más fácil que empezar. Muchos abandonan justo antes de la inercia. Abandonan cuando la rueda está a punto de moverse sola. Y eso duele porque, desde fuera, parece falta de disciplina, pero en realidad es falta de comprensión del proceso. No sabían que estaban cerca.

También es importante entender que el compuesto en hábitos no solo crea riqueza; también crea pobreza si tus hábitos van en la dirección contraria. El gasto impulsivo compuesto, la deuda de alivio compuesto, la comparación social compuesta, la procrastinación compuesta, la falta de aprendizaje compuesta. Todo eso también crece con el tiempo. La diferencia es que ese compuesto se siente cómodo en el presente. No duele al inicio.

Pero duele más adelante. El compuesto positivo duele un poco al inicio porque exige incomodidad. El compuesto negativo duele más adelante porque te quita opciones. Por eso el juego largo es elegir qué incomodidad pagas: la incomodidad de construir o la incomodidad de reparar.

El lector que entienda esto se vuelve más paciente, pero no pasivo. La paciencia estratégica no es esperar; es sostener. Es repetir lo que funciona incluso cuando no hay emoción. Es creer en el proceso porque has diseñado un sistema que puede sobrevivir. Es ajustar sin rendirte. La coherencia, aquí, no es rigidez; es fidelidad al rumbo.

Al final, este apartado te entrega una idea operativa: si quieres resultados que parezcan grandes, necesitas hábitos que parezcan pequeños. No porque lo pequeño sea mágico, sino porque lo pequeño es sostenible. Lo sostenible se repite. Lo repetido se compone. Y lo compuesto crea una brecha que, con los años, se vuelve enorme. La mayoría abandona antes de verlo porque está midiendo con la regla equivocada: busca perfección y resultados rápidos. Tú vas a medir consistencia y tendencia. Vas a evitar reinicios diseñando mínimos. Vas a construir sistemas que sobrevivan a semanas malas. Y, haciendo eso, te vas a convertir en alguien para quien el interés compuesto deja de ser un concepto y se vuelve una experiencia. Una experiencia de paciencia estratégica que, en silencio, construye libertad.

9.2 La mentalidad del constructor

Hay dos formas de vivir el dinero. Una es como cazador de oportunidades: siempre buscando el golpe, el atajo, la jugada que te cambie la vida en un fin de semana. La otra es como constructor: alguien que entiende que la libertad no se encuentra, se fabrica. La diferencia entre ambos no es solo estrategia; es una forma de interpretar el mundo. El cazador se mueve por urgencia, por comparación y por historias de éxito rápido. El constructor se mueve por infraestructura, por paciencia y por sistemas que sobreviven.

Buscar atajos no es únicamente querer "ganar más". Es el hábito mental de saltarse pasos. Es querer resultados sin proceso, como si el proceso fuera un castigo que se puede evitar con inteligencia. A veces existen oportunidades reales, claro. Pero la mentalidad de atajo es peligrosa porque te vuelve vulnerable a promesas, a modas, a impulsos. Te hace confundir intensidad con progreso. Te hace creer que estar ocupado, moviéndote de idea en idea, es construir. Y, mientras saltas, no echas raíces.

Construir infraestructura es lo contrario. Es invertir en cosas que siguen funcionando aunque tú tengas una mala semana. Infraestructura puede ser un fondo de reserva que amortigua golpes, una automatización de ahorro, un sistema de cuentas, un proceso de ventas, una rutina de aprendizaje, una habilidad sólida, una red de relaciones que te abre puertas, una marca personal que atrae oportunidades, una cartera diversificada que no depende de una sola apuesta. Infraestructura es lo que no necesita entusiasmo diario para existir. Es el tipo de avance que no se ve en una foto, pero cambia por completo la película.

El constructor entiende algo que el cazador suele olvidar: la vida es larga y el azar es inevitable. Por eso diseña para resistir. No diseña para el mes perfecto, diseña para el año imperfecto. Y esa diferencia es la que protege el interés compuesto. Porque el interés compuesto no requiere solo empezar; requiere no salirte del camino. Requiere permanecer. El cazador entra y sale. El constructor permanece.

Ahora, permanecer tiene un costo emocional: las recompensas diferidas. Este es uno de los músculos más difíciles de entrenar porque vivimos en una cultura que premia lo inmediato. Todo está diseñado para darte un "sí" rápido: entrega en horas, crédito instantáneo, entretenimiento infinito, aprobación en forma de likes. En ese entorno, esperar se siente antinatural. Pero la riqueza, casi siempre, está del lado de lo que tarda. Por eso entrenar el músculo de esperar no es un detalle; es una ventaja competitiva.

Las recompensas diferidas no significan vivir sin placer. Significan elegir el orden correcto: primero construir, luego expandir. Significan que tu "yo futuro" no siempre paga el alivio del "yo presente". Significan que puedes sentir incomodidad y no correr a apagarla comprando algo, cambiando de plan o buscando otra vía más rápida. La paciencia estratégica no es resignación; es control sobre tus impulsos.

En la práctica, entrenar este músculo se parece a elegir acciones que no dan dopamina inmediata pero sí retorno acumulado. Ahorrar antes de gastar. Invertir de forma regular sin mirar el precio todos los días. Aprender una habilidad sin saber exactamente cuándo te pagará. Negociar mejor aunque incomode. Mantener un sistema aunque nadie te aplauda. El constructor se vuelve bueno en esto porque entiende que la disciplina no es sufrimiento; es un intercambio. Cambias placer inmediato por opciones futuras. Cambias impulso por margen. Cambias ansiedad por estructura.

Pero incluso con paciencia, aparece un obstáculo inevitable: la frustración. La frustración llega cuando los resultados tardan, cuando las cosas no salen, cuando el mercado cambia, cuando una inversión cae, cuando un proyecto no despega, cuando haces lo correcto y aun así no se nota. En ese punto, muchos abandonan. No por falta de capacidad, sino porque interpretan la frustración como señal de que el camino era equivocado. El constructor interpreta distinto: la frustración es feedback.

Convertir frustración en feedback significa hacerte preguntas en lugar de hacerte castigos. ¿Qué parte del sistema falló? ¿Qué supuse que no era cierto? ¿Qué variable cambió? ¿Qué puedo ajustar sin tirar todo? Esta es una diferencia enorme porque el que abandona suele hacerlo en modo todo o nada. "No funcionó" se convierte en "yo no sirvo" o "esto no existe". El constructor, en cambio, hace microajustes. Mantiene el rumbo general y ajusta la técnica.

El constructor entiende que un plan no se rompe por necesitar ajuste. Se rompe por no ajustarse nunca o por cambiarlo todo cada vez. Ajustar es madurez. Es aprender. Es lo que hacen los sistemas vivos: se adaptan. Y aquí hay una idea clave del juego largo: la coherencia no es rigidez; es continuidad con flexibilidad. Coherencia es seguir construyendo aunque cambies herramientas. Es mantener el sistema aunque cambies detalles. Es sostener un proceso que te mejora incluso cuando los resultados tardan.

Cuando piensas como constructor, disminuye la necesidad de historias espectaculares. Ya no buscas "la inversión" ni "el negocio" ni "la oportunidad" que te salve. Buscas estructura. Buscas repetición. Buscas hábitos que se componen. Y, al hacerlo, te vuelves menos manipulable por el mercado de la urgencia. No te venden prisa. No te venden atajos. Porque tú ya estás construyendo lo único que de verdad protege: infraestructura.

9.3 Evita la inflación de estilo de vida

Hay una razón por la que tantas personas aumentan ingresos y aun así sienten que no avanzan: la inflación de estilo de vida. Cuando sube el ingreso, sube el "derecho". Es decir, sube la sensación de "ahora me toca". Y en ese punto muere la riqueza. Porque el excedente, que era la materia prima del patrimonio, se convierte en consumo. No consumo consciente ocasional, sino consumo automático que se instala como nuevo estándar.

La inflación de estilo de vida es sutil porque al inicio parece mejora legítima. Te mudas a un lugar mejor, compras cosas de más calidad, comes mejor, viajas más. Todo eso puede ser positivo. El problema no es mejorar; el problema es mejorar sin regla. Sin regla, el estilo de vida siempre crece hasta ocupar todo el ingreso. Y cuando ocupa todo, tu libertad desaparece. Te conviertes en alguien que necesita ganar mucho solo para sostenerse. Y esa necesidad te roba opciones: no puedes decir que no, no puedes cambiar, no puedes arriesgar con inteligencia, no puedes descansar.

El "derecho" es peligroso porque se siente merecido. Y muchas veces lo es. Has trabajado, te has esforzado, has crecido. El punto no es negar el merecimiento; es evitar que el merecimiento se convierta en obligación de gastar. Porque cuando el gasto se vuelve obligación, el estilo de vida se convierte en prisión. Una prisión bonita, pero prisión.

Evitar esta inflación requiere una decisión de diseño: definir porcentajes de upgrade. No es romántico, pero es efectivo. Significa que, cuando tu ingreso sube, ya decides por adelantado cómo se reparte esa subida. Una parte para mejorar vida hoy, una parte para acelerar patrimonio, una parte para estabilidad. Si no lo defines, el mercado lo define por ti. Lo define con anuncios, con comparaciones, con opciones "premium". Y tu mente, que quiere sentirse recompensada, cede. No por maldad, sino por falta de estructura.

Los porcentajes de upgrade te permiten disfrutar sin destruir tu futuro. Te permiten decir: "Sí, mejoro, pero no me desarmo". Te permiten elevar calidad de vida de forma sostenible: invertir en salud, en tiempo, en comodidad real, no en símbolos que exigen mantenimiento. Y te permiten que el crecimiento de ingresos se traduzca en crecimiento de libertad, no solo en crecimiento de gastos.

Hay un detalle importante: no todo upgrade vale lo mismo. Un upgrade que compra tiempo o salud suele tener retorno. Un upgrade que compra estatus suele tener costo continuo. Por eso, incluso dentro del porcentaje destinado a mejorar, conviene elegir bien. Mejorar no es acumular; es reducir fricción donde de verdad importa. A veces un buen colchón, una buena silla, un mejor descanso, una herramienta que te ahorra horas, valen más que un objeto llamativo. La inflación de estilo de vida suele empujarte hacia lo llamativo. La estrategia te empuja hacia lo útil.

También necesitas diseñar celebraciones que no te atrasen meses. Celebrar es humano. Negarlo crea resentimiento y rebote. El problema es celebrar con decisiones que rompen tu sistema: un gasto que te deja sin colchón, una compra a crédito, un viaje que te obliga a apretar luego con estrés. Esa forma de celebrar convierte un logro en una deuda emocional: te premias y luego te castigas. Con el tiempo, eso desgasta la relación con el progreso. Empiezas a temer el éxito porque sabes que viene con desorden. Suena absurdo, pero pasa: algunas personas se autosabotean porque no saben celebrar sin destruir.

Celebrar sin atrasarte implica preparar la celebración dentro del sistema. Significa que el ocio también tenga un lugar, que exista una cuenta o un monto previsto, que la celebración sea proporcional y no reventadora. Significa que te das un premio, pero no te quitas libertad. La celebración inteligente no compite con tu patrimonio; convive con él.

La inflación de estilo de vida también se combate con identidad. Si tu identidad es "yo soy alguien que merece más", el deseo de upgrade puede volverse insaciable. Si tu identidad es "yo soy alguien que construye opciones", el upgrade se vuelve selectivo. No necesitas demostrar nada. Puedes mejorar desde calma. Y la calma es el gran antídoto contra el derecho automático. La calma te permite disfrutar sin exagerar, elegir sin compararte, crecer sin convertir cada subida en un nuevo estándar rígido.

En el juego largo, la riqueza no muere por falta de ingreso; muere por falta de estructura cuando el ingreso crece. Por eso, pensar como constructor incluye proteger tu excedente. Mantener porcentajes claros. Elegir upgrades que aumenten bienestar real, no presión social. Celebrar sin romper el mes siguiente. Y, sobre todo, recordar que la meta de ganar más no era gastar más: era vivir con más margen, con más opciones, con menos miedo.

Cuando juntas la mentalidad del constructor con el control de la inflación de estilo de vida, aparece una coherencia rara y poderosa. Creces sin perderte. Mejoras sin encadenarte. Construyes sin prisa, pero sin pausa. Y esa coherencia, sostenida durante años, es lo que hace que el interés compuesto deje de ser teoría y se convierta en destino.

Capítulo 10 — Riqueza real: libertad, propósito y legado

10.1 Define tu "suficiente" (y defiéndelo)

Después de hablar de identidad, sesgos, hábitos, activos, deuda, riesgo, atención y negociación, llegamos al punto más importante y, paradójicamente, el más ignorado: definir qué es suficiente. Porque si no defines tu suficiente, el mundo lo definirá por ti. Lo definirá con comparaciones, con estándares ajenos, con marketing, con el "siempre un poco más". Y cuando el "más" se vuelve tu brújula, incluso el éxito se siente vacío. Puedes ganar mucho, acumular, mejorar tu estilo de vida, y aun así vivir con ansiedad porque no hay línea de llegada. La riqueza real empieza cuando trazas esa línea y la defiendes. No como una meta rígida, sino como una declaración de libertad.

Definir tu suficiente no es renunciar a la ambición. Es domesticarla. Es ponerle dirección. Es decidir que el dinero no es el jefe, sino el empleado. Y un empleado trabaja mejor cuando tiene un objetivo claro. Si tu dinero solo obedece al impulso de crecer por crecer, se vuelve una rueda: más ingreso, más gasto, más presión, más necesidad. En cambio, si tu dinero obedece a un "suficiente" definido, se convierte en herramienta: construye margen, compra tiempo, cuida tu salud, protege tus relaciones y sostiene tu propósito.

El primer paso para definir tu suficiente es escribir tu número de libertad. No un número para impresionar a nadie, sino un número que describa tu vida real. La gente suele hablar de "ser libre" como una sensación abstracta, pero la libertad financiera tiene una base concreta: cuánto necesitas para vivir sin depender de decisiones apresuradas. Ese número no es único ni universal. Es personal. Y se construye con tres capas: gastos esenciales, gastos deseados y gastos opcionales.

Los gastos esenciales son los que mantienen tu vida funcionando con dignidad. Vivienda, alimentación básica, salud, transporte necesario, seguros, obligaciones, y un mínimo de bienestar. No es sobrevivir con lo mínimo miserable; es sostener un estándar que sea sano. Esta parte es importante: si defines esenciales con mentalidad de castigo, tu suficiente se volverá una cárcel. Lo esencial debe ser realista, humano, sostenible.

Los gastos deseados son los que hacen que tu vida sea tuya. No son lujos vacíos; son cosas que aumentan tu calidad de vida de manera genuina. Puede ser un buen gimnasio, terapia, viajes moderados, cenas ocasionales, hobbies, educación, herramientas que te ahorran tiempo, un entorno más cómodo. Lo deseado define qué tipo de vida quieres, no qué tipo de vida quieres aparentar. Y esa distinción lo cambia todo. Porque cuando tus deseos son tuyos, el dinero se siente ligero. Cuando tus deseos son prestados, el dinero se siente como una carrera.

Los gastos opcionales son los que podrías cortar sin dañar tu bienestar real. Suscripciones que no usas, compras por impulso, upgrades por estatus, caprichos frecuentes que te drenan margen. Aquí no se trata de demonizar el disfrute, sino de clasificar. Cuando sabes qué es opcional, dejas de negociar contigo mismo a cada rato. Tienes claridad. Y la claridad reduce el ruido que te empuja a gastar.

Escribir tu número de libertad significa sumar estas capas y ver el total mensual y anual. Y luego hacer algo que casi nadie hace: preguntarte qué estructura necesitas para sostenerlo sin pánico. No es solo "cuánto gasto", es "cuánto necesito producir o tener invertido para que esto se mantenga incluso si algo cambia". Este número te devuelve control porque transforma una fantasía ("quiero ser libre") en un mapa ("con esto, soy libre"). Y con un mapa, puedes construir.

Lo interesante es que, para muchas personas, el número de libertad real es más bajo de lo que imaginan. No porque deban conformarse, sino porque han confundido libertad con lujo. Han confundido "vivir bien" con "vivir como un escaparate". Cuando haces el cálculo con honestidad, ves que gran parte de tus supuestas "necesidades" no son necesidades. Son símbolos. Y ahí entramos en el segundo paso: identificar necesidades falsas.

Las necesidades falsas son compras que llenan vacíos. Vacíos de identidad, de afecto, de descanso, de pertenencia, de sentido. Compras para calmar ansiedad, para sentir control, para sentirte "alguien", para tapar aburrimiento, para compensar estrés. No son malas por sí mismas; son señales. El problema es cuando las llamas necesidades, porque entonces se vuelven intocables. Si te dices "necesito esto", tu mente deja de cuestionar. Y, al dejar de cuestionar, pierdes libertad.

La forma de detectar una necesidad falsa no es moralizar, es observar. Pregúntate qué emoción aparece antes de la compra. ¿Estás cansado? ¿Estás comparándote? ¿Te sientes solo? ¿Estás frustrado? ¿Estás celebrando pero con vacío? ¿Estás buscando una identidad que no sientes dentro? Si la compra es un intento de regular una emoción, probablemente no es una necesidad. Es un anestésico. A veces el anestésico funciona, pero tiene costo. Y si lo repites, ese costo se convierte en estilo de vida.

También puedes detectar necesidades falsas por su naturaleza repetitiva. Lo que de verdad necesitas suele estabilizar tu vida. Lo que es falso suele pedir más. Es insaciable. Nunca completa. Te da un pico de alivio y luego vuelve el vacío. Esa es una pista fuerte: si la "necesidad" no se calma cuando la satisfaces, no era necesidad, era ansiedad buscando objeto.

Otra pista es la narrativa. Las necesidades falsas suelen venir con historias largas y defensivas. "Esto me lo merezco porque…" "Es que sin esto no puedo…" "Todos lo tienen…" "Es una inversión" (cuando en realidad es un capricho). Cuando necesitas convencerte demasiado, suele haber algo emocional debajo. No es pecado. Es humano. Pero es caro si no lo ves.

Definir tu suficiente implica, entonces, hacer un pacto contigo: no voy a construir mi vida alrededor de llenar vacíos con dinero. Voy a llenar vacíos con soluciones reales. Descanso real en vez de compras. Conversaciones reales en vez de estatus. Salud real en vez de escapes constantes. Propósito real en vez de validación externa. Esto no te vuelve asceta; te vuelve libre. Porque el vacío, cuando manda, te hace dependiente. Y la dependencia es lo contrario de riqueza.

Ahora el tercer paso: crear límites que te protejan de ti mismo. Esta frase suena dura, pero es compasiva. Porque tú, como cualquier humano, tienes días de claridad y días de impulso. Días donde decides con visión y días donde decides por emoción. Si tu sistema depende de tu mejor versión todo el tiempo, te fallará. Los límites son una forma de diseñar para tu versión promedio, incluso para tu versión cansada.

Un límite puede ser tan simple como automatizar transferencias apenas entra dinero, para que no tengas que "elegir" cada mes. Puede ser una regla de pausa para compras grandes, para que el impulso no sea el jefe. Puede ser un presupuesto por categorías que funcione como carril, no como castigo. Puede ser reducir accesos: quitar tarjetas guardadas, eliminar compras con un click, bajar límites de crédito, crear fricción donde tu yo impulsivo se mueve rápido. Puede ser una cuenta separada para ocio, para disfrutar sin culpa pero sin sabotaje. Puede ser un límite social: no gastar por pertenencia, no financiar estatus, no decir sí por vergüenza.

Los límites no son para castigarte; son para proteger tu suficiente. Porque una vez que defines suficiente, tu trabajo no es perseguir más como si tu vida dependiera de ello. Tu trabajo es sostener la línea. Y sostener la línea requiere defensa, igual que un país protege sus fronteras o una empresa protege su margen. Si no proteges tu suficiente, el entorno lo invadirá con tentaciones y comparaciones. Y, poco a poco, tu suficiente se moverá. Hoy es esto, mañana un poco más, pasado un poco más. Sin darte cuenta, vuelves a correr.

Defender tu suficiente también significa aprender a decir no al "upgrade automático". La mayoría de la inflación de estilo de vida ocurre por falta de límites, no por falta de dinero. Subes ingreso y el mundo te ofrece nuevas cuotas, nuevas suscripciones, nuevas comodidades que se vuelven estándar. Si tú no decides qué parte de tu aumento se convierte en libertad y qué parte se convierte en disfrute, tu aumento desaparece. Y entonces te encuentras trabajando igual de duro, con más cosas, pero con la misma sensación de fragilidad. El suficiente te evita esa trampa porque actúa como ancla.

Hay algo más profundo aquí: definir suficiente es un acto de identidad. Es decir "yo no soy un recipiente sin fondo". Es decir "yo puedo disfrutar sin perderme". Es decir "mi valor no depende de comprar". Es decir "mi vida no se mide por comparación". Esa identidad te libera de un mercado que vive de tu insatisfacción. Porque muchas industrias se alimentan de un mensaje: "no eres suficiente, compra para serlo". Cuando tú defines tu suficiente, rompes el hechizo. Te vuelves difícil de manipular. Y eso, en un mundo de estímulos, es una riqueza rara.

Y, por último, definir suficiente te abre la puerta al verdadero lujo: el tiempo. Cuando no necesitas tanto, recuperas horas. Recuperas energía. Recuperas decisiones. Puedes elegir trabajos por sentido, no solo por urgencia. Puedes decir no a proyectos que te queman. Puedes moverte con paciencia. Puedes invertir con calma. Puedes cuidar relaciones. Puedes construir un legado. Todo eso empieza con una frase simple que pocas personas se atreven a escribir: "Esto es suficiente para mí".

No es una frase de resignación. Es una frase de poder. Porque quien no define suficiente queda condenado a perseguir un "más" que nunca se sacia. Y quien define suficiente puede, por fin, usar el dinero para lo que fue hecho: comprar libertad, propósito y paz. Esa es la riqueza real. Y defenderla es tu trabajo más importante.

10.2 Estructura tu vida alrededor de lo importante

Después de definir tu "suficiente", llega el verdadero reto: vivir de acuerdo con él. Porque saberlo en la cabeza es fácil; protegerlo en la agenda es otra historia. La riqueza real no se demuestra en lo que compras, sino en lo que puedes elegir. Y lo que puedes elegir depende de cómo estructuras tu vida. Aquí la pregunta cambia: ya no es "¿cómo gano más?", sino "¿cómo organizo mi tiempo, mis relaciones y mi trabajo para que el dinero sirva a lo que me importa?".

El primer eje es el tiempo, el activo final y, paradójicamente, el primero que deberías cuidar. Mucha gente persigue dinero para ganar libertad, pero en el camino entrega su tiempo como si fuera infinito. Acepta calendarios saturados, compromisos constantes, urgencias ajenas, y se acostumbra a vivir con la sensación de que su vida ocurre en los huecos. El problema es que el dinero puede volver a entrar, pero el tiempo no vuelve. Cada año que pasa no se acumula; se va. Por eso el tiempo es el activo final: es el único que no puedes recuperar con más esfuerzo, ni con más inteligencia, ni con más ingreso.

Cuidar el tiempo no significa dejar de trabajar ni vivir sin responsabilidad. Significa entender que tu vida no es una lista de tareas, es una dirección. El tiempo debe alinearse con esa dirección. Si tu calendario está lleno de cosas que no importan, tu vida se vuelve una suma de distracciones. Puedes tener éxito externo, pero sentir una pobreza interna: falta de espacio, falta de presencia, falta de calma. Esa pobreza se nota incluso en personas con patrimonio, porque la riqueza sin tiempo es solo una jaula más cómoda.

Estructurar tu vida alrededor del tiempo implica tomar decisiones de diseño. Significa decidir qué horas son intocables, no por capricho, sino por salud mental y coherencia. Significa elegir ritmos sostenibles, no picos heroicos que luego se pagan con agotamiento. Significa construir márgenes: espacios vacíos que te permiten pensar, recuperarte, estar con los tuyos y, sobre todo, no negociar tu vida cada día. El margen es una forma de riqueza. Un calendario sin margen es una forma de deuda.

El segundo eje son las relaciones. Este punto es incómodo porque mezcla dinero con amor, y mucha gente prefiere separarlos. Pero el dinero ya está dentro de las relaciones, quieras o no: en el estilo de vida, en las expectativas, en las decisiones de vivienda, en las celebraciones, en los cuidados, en la crianza, en el tiempo compartido. Cuando las finanzas no están alineadas en pareja o familia, el dinero se convierte en un conflicto constante, aunque nadie lo nombre. Se filtra como tensión, como resentimiento, como silencios, como decisiones que se toman a escondidas.

Alinear decisiones financieras no es imponer. Es construir un lenguaje común. Es acordar prioridades. Es decidir qué significa "vivir bien" para ustedes, no para el mundo. Es hacer explícito lo que suele quedarse implícito: cuánto riesgo aceptan, cuánto margen quieren, qué deudas son tolerables, qué gastos son sagrados y cuáles son negociables. Cuando esto no se habla, cada uno opera con su propia brújula y luego se sorprenden de chocar. Uno cree que ahorrar es amor porque protege el futuro. El otro cree que gastar es amor porque crea experiencia. Ninguno está necesariamente equivocado; simplemente están sin acuerdos.

La alineación financiera en relaciones también implica una verdad que pocos aceptan: no se puede construir riqueza real con una guerra silenciosa en casa. Porque la guerra consume energía, y la energía es el combustible de cualquier sistema. Además, el estrés relacional empuja a decisiones de corto plazo: compras de alivio, evasión, falta de planificación, falta de visión. En cambio, una relación alineada crea estabilidad emocional. Y la estabilidad emocional mejora el juicio. Una pareja o una familia con acuerdos claros no solo ahorra más; decide mejor, se protege mejor, crece con menos fricción.

Estructurar relaciones alrededor de lo importante significa también aprender a distinguir entre control y claridad. Hablar de dinero no debería ser un interrogatorio. Debería ser una conversación sobre valores. ¿Qué están tratando de construir? ¿Qué quieren evitar? ¿Qué quieren proteger? Si el dinero es una herramienta, entonces la relación es el taller donde esa herramienta se usa. Un taller caótico rompe herramientas. Un taller organizado construye cosas duraderas.

El tercer eje es el trabajo con sentido. Esta parte es delicada porque el "sentido" se ha convertido en palabra de moda. Pero aquí no hablamos de una misión grandiosa. Hablamos de dirección. Riqueza sin dirección también se siente pobre. Puedes conseguir todo lo que querías y, aun así, sentir que estás corriendo en círculo. Porque el dinero, cuando no está conectado a un propósito, se vuelve un número que nunca basta. Siempre puede ser más. Siempre puede compararse. Siempre puede exigirte.

Trabajo con sentido significa que tu esfuerzo está alineado con algo que respetas: un problema que te importa resolver, un tipo de contribución que te hace sentir útil, un estilo de vida que quieres sostener. No todos necesitan amar su trabajo, pero todos necesitan que su trabajo no los destruya por dentro. Si cada día vendes tu energía en un lugar que te vacía, la riqueza se vuelve una compensación: ganas para soportar. Eso no es libertad. Eso es supervivencia elegante.

Estructurar tu vida alrededor de lo importante implica diseñar un equilibrio entre ingreso y vida. A veces el camino exige intensidad temporal, pero debe ser temporal y con plan. El peligro es convertir la intensidad en identidad: "yo soy así, siempre ocupado". Esa identidad te roba tiempo, relaciones y salud, y luego te deja con dinero que no puede comprar lo que perdiste.

El trabajo con sentido no es solo elegir una industria; es elegir un ritmo y una forma de vivir. Es saber qué estás dispuesto a sacrificar y qué no. Es proteger tu "suficiente" en la agenda, no solo en la cuenta bancaria.

Cuando alineas tiempo, relaciones y trabajo, la riqueza deja de ser un trofeo y se vuelve una plataforma. Una plataforma para vivir con más presencia, más calma, más opciones. Ese es el punto: la riqueza real no es tener más cosas; es tener más vida.

10.3 Legado: enseñar, compartir, sostener

Llegados aquí, aparece una pregunta profunda: ¿para qué? ¿Para qué construir, ahorrar, invertir, negociar, cuidar el tiempo? La respuesta más madura a esa pregunta suele incluir algo más que uno mismo. Y ahí entra el legado. El legado no es solo herencia monetaria. Es lo que dejas funcionando cuando tú no estás mirando. Es lo que transmites. Es el impacto que permanece.

El primer cambio de mentalidad es pasar de acumulador a creador. La mentalidad de creador entiende que la riqueza se vuelve más completa cuando contribuye. No porque "dar" sea una obligación moral, sino porque el acto de contribuir ordena tu relación con el dinero. Te saca del circuito infinito de "más para mí" y lo convierte en "más para construir algo". El creador usa el dinero como recurso para mejorar realidades: la suya, la de su familia, la de su comunidad, la de su equipo, la de la gente a la que sirve con su trabajo.

Contribuir no siempre es filantropía formal. A veces es enseñar a alguien a gestionar su dinero sin vergüenza. A veces es apoyar a un familiar con límites sanos. A veces es crear empleo digno. A veces es compartir conocimiento. A veces es construir un proyecto que resuelva un problema real. El legado empieza cuando entiendes que la riqueza, por sí sola, no te salva del vacío. Lo que salva del vacío es el significado: sentir que estás construyendo algo más grande que el consumo.

Pero aquí hay una trampa: dar sin estructura puede destruirte. Por eso hablamos de filantropía inteligente: dar sin romper tu estabilidad. Mucha gente se acerca al dar desde la culpa o desde la emoción del momento. Da de forma impulsiva, promete más de lo que puede sostener, o ayuda de una manera que mantiene dependencias. Luego se quema, se arrepiente o se endurece. Eso no es bueno para nadie.

La filantropía inteligente se parece a un presupuesto: se define por adelantado, se alinea con valores y se ejecuta con calma. Significa que ayudas desde excedente real, no desde sacrificio caótico. Significa que eliges causas o personas con criterio: dónde tu ayuda produce cambio y no solo alivio momentáneo. Significa que pones límites, porque el límite no es falta de amor; es sostenibilidad. Un dar que te rompe no es un dar virtuoso; es un dar que crea otra crisis.

Además, el legado no se reduce a dar dinero. El legado más poderoso suele ser enseñar sistema. Si tú ayudas a alguien a construir habilidad, disciplina o estructura, multiplicas tu impacto. Dar sin enseñar puede ser un parche. Enseñar sin humillar puede ser transformación. Y eso requiere paciencia, humildad y una mentalidad de creador: "quiero que esto se sostenga sin mí".

Aquí llega el tercer punto: documenta tu sistema para que tu riqueza no dependa de tu presencia. Esto es legado en su forma más práctica. Muchas familias heredan dinero y pierden paz porque no heredan claridad. No saben cómo se construyó, cómo se administra, qué reglas lo protegen, qué riesgos hay, qué valores lo sostienen. Entonces el patrimonio se vuelve conflicto o se evapora. Documentar el sistema es evitar ese destino.

Documentar tu sistema no es escribir un libro perfecto. Es dejar instrucciones humanas: cómo se organizan las cuentas, qué porcentajes se separan, qué deudas se aceptan y cuáles no, qué inversiones se usan y por qué, qué seguros existen, qué documentos importantes están dónde, qué contactos son clave, qué reglas protegen el "suficiente". También incluye algo más íntimo: el porqué. El dinero sin porqué se gasta por impulso. El dinero con porqué se cuida.

Este tipo de documentación también te ayuda a ti, incluso antes de pensar en herencia. Porque cuando tu sistema está escrito, se vuelve más fácil de sostener. Se vuelve menos dependiente de tu memoria, de tu energía y de tu estado emocional. Y eso es libertad: que lo importante funcione incluso cuando tú estás cansado.

El legado también incluye cómo celebras y qué premias. Si en tu entorno solo se premia el lujo y el estatus, ese será el norte de quienes vienen detrás. Si se premia la constancia, la generosidad inteligente, la calma, el aprendizaje, el cuidado del tiempo, entonces estás transmitiendo otra definición de riqueza. Una definición que protege. La herencia cultural suele ser más decisiva que la económica.

Al final, este capítulo te deja una imagen simple: riqueza real es vivir con menos necesidad, pero con más presencia. Es cuidar el tiempo, alinear relaciones, elegir trabajo con dirección. Y luego, desde esa base, contribuir de manera sostenible y dejar un sistema que funcione sin ti. Eso es legado: no solo dejar cosas, sino dejar claridad. No solo acumular, sino sostener. No solo ganar, sino enseñar a construir. Porque el dinero, cuando se convierte en propósito y estructura, deja de ser un número. Se vuelve una forma de vida que se transmite. Y eso, más que cualquier cifra, es la riqueza que permanece.

Conclusión — Tu mente es el activo maestro

Si llegaste hasta aquí, ya lo viste: la riqueza real no empieza en una cuenta bancaria. Empieza en un lugar más silencioso y más determinante: tu mente. No porque "pensar positivo" vaya a imprimir billetes, sino porque tu mente es el sistema operativo que dirige tus decisiones, y tus decisiones —repetidas— terminan construyendo tu vida. Puedes tener información perfecta y aun así sabotearte si tu mente está en modo urgencia, comparación o anestesia. Y puedes empezar con poco, incluso con dudas, y aun así avanzar si tu mente aprende a elegir con claridad, a sostener sistemas y a resistir el impulso de reiniciar cada vez que algo incomoda.

Este libro se ha movido como una cadena lógica, no como una colección de trucos. Porque la libertad no aparece por sumar hacks, aparece por alinear causas profundas con acciones concretas. Empezamos en identidad porque ahí nace la conducta. Lo que haces con el dinero no es un accidente: es una expresión de quién crees que eres cuando nadie te mira. Si te piensas como alguien que "no es bueno para ahorrar", tu comportamiento buscará confirmarlo. Si te piensas como alguien que "merece alivio inmediato", tu cartera se convertirá en anestesia. Si te piensas como alguien que "no debe fallar", evitarás riesgos incluso cuando sean necesarios y te quedarás pequeño por miedo a perder. La identidad es la raíz.

Luego miramos decisiones, porque el dinero se juega en elecciones repetidas más que en grandes momentos. La mayoría no se hunde por no saber sumar; se hunde por sesgos. Por elegir hoy aunque destruya mañana. Por buscar confirmación en "expertos" que solo validan el deseo. Por aferrarse a lo que ya está muerto para no aceptar el error. Cuando entiendes tus sesgos, recuperas el volante. Empiezas a decidir con información incompleta sin entrar en pánico, y a diseñar fricción para lo que te hace daño y facilidad para lo que te construye.

Después pasamos a sistemas, porque la disciplina no es fuerza de voluntad eterna; es arquitectura. Nadie puede ser su mejor versión todos los días, y quien intenta vivir así acaba rebotando. Los sistemas sobreviven a semanas malas. Los sistemas convierten lo correcto en automático: separar antes de vivir, revisar sin drama, invertir con consistencia, negociar con calma, reducir fugas, cuidar el foco. Un sistema es una promesa que se sostiene incluso cuando la emoción no acompaña. Y por eso el sistema vale más que la motivación.

De ahí llegamos a activos, porque ingreso no es riqueza. Puedes ganar mucho y ser frágil si todo depende de tu presencia y de tu energía. El salto real ocurre cuando tu esfuerzo se convierte en algo que te devuelve tiempo, estabilidad y opciones. Activos no solo son instrumentos financieros; también son habilidades, reputación, redes, procesos, redundancia. Son cosas que siguen funcionando cuando tú estás cansado. Aprendiste a ver el coste total, a detectar lujos con factura mensual, a evitar deudas que compran estatus, a construir infraestructura antes de escalar. Eso es construir.

Y, al final, todo converge en libertad. Libertad no es hacer lo que te dé la gana; es poder elegir sin estar secuestrado por el miedo, por cuotas, por urgencias, por comparaciones. Libertad es tener margen. Es definir tu "suficiente" y defenderlo. Es estructurar tu vida alrededor de lo importante: tiempo, relaciones, trabajo con sentido. Es entender que la riqueza sin dirección también se siente pobre. Es recordar que el objetivo de tener más no era tener más cosas; era tener más vida.

Esa es la recapitulación completa: identidad que guía decisiones, decisiones que se vuelven sistemas, sistemas que construyen activos, activos que compran libertad. Si te quedas con una sola idea, que sea esta: tu mente es el activo maestro porque es el origen de toda la cadena. Cuando tu mente está clara, tus decisiones se vuelven simples. Cuando tus decisiones se vuelven simples, tu sistema se vuelve sostenible. Cuando tu sistema es sostenible, el tiempo trabaja a tu favor. Y cuando el tiempo trabaja a tu favor, la libertad deja de ser un sueño y se vuelve un resultado.

Ahora bien, la comprensión no cambia la vida si no se traduce en acción. Por eso necesitas un plan que sea pequeño, ejecutable y suficiente para generar inercia. No un plan para impresionar, sino un plan para empezar. Aquí tienes un plan de 30 días con una regla central: una decisión por área. No lo conviertas en un proyecto gigantesco. Hazlo simple, y hazlo real. El objetivo es construir la primera capa de tu nueva identidad: "soy alguien que decide con claridad y sostiene un sistema".

Durante estos 30 días, elige una decisión concreta para tu gasto. Una decisión, no diez. Puede ser cerrar una fuga evidente, cancelar una suscripción que no usas, establecer una regla de pausa para compras no esenciales, o separar una cantidad fija antes de gastar. La decisión correcta es la que reduce ruido y te devuelve margen inmediato. No busques perfección; busca dirección. La meta no es sufrir, es recuperar control.

Luego elige una decisión para tu ingreso. De nuevo, una. Puede ser preparar una conversación de negociación con evidencia, subir una tarifa en un servicio específico, buscar un cliente nuevo con un mensaje más claro, o dedicar un bloque semanal fijo a ventas o a mejora de una habilidad de alto impacto. Lo importante aquí no es "trabajar más"; es mover una palanca. Una sola palanca bien elegida puede cambiar tu año más que mil tareas ocupadas.

Después elige una decisión para tu inversión. No necesitas un portafolio sofisticado; necesitas consistencia y criterio. Tu decisión puede ser abrir el hábito de invertir una cantidad pequeña cada semana o cada mes, construir primero un colchón si aún no lo tienes, o aprender el lenguaje básico para entender en qué te estás metiendo. La inversión, en este plan, es más mental que numérica: es entrenar horizonte largo y tolerancia al movimiento sin pánico. Es convertir la incertidumbre en algo gestionable.

Y, por último, elige una decisión para tu foco. Porque sin foco, todo lo anterior se diluye. Puede ser crear un bloque diario o semanal de trabajo profundo, reducir un disparador de distracción, establecer una hora sin pantallas, o diseñar un ritual mínimo de claridad: revisar tus finanzas diez minutos a la semana, planear tu próximo paso, escribir tu regla clave. El foco es el puente entre intención y ejecución. Sin foco, vuelves al piloto automático. Con foco, el sistema se vuelve real.

La belleza de este plan es que no exige que cambies de vida en un mes. Exige que cambies de dirección en un mes. Y cambiar de dirección, sostenido, produce resultados enormes con el tiempo. El interés compuesto también aplica aquí: una decisión por área, repetida, se convierte en un nuevo estándar. Al final de 30 días, no serás "otra persona", pero tendrás algo mucho más valioso: evidencia de que puedes sostener un sistema. Y la evidencia construye confianza de forma real, no motivacional.

Ahora viene la promesa práctica, la que vale más que cualquier frase inspiradora: si proteges tu mente, tu dinero deja de ser un problema y se vuelve una herramienta. Proteger tu mente significa cuidarla del ruido constante, de la comparación, de la urgencia artificial, de la culpa inútil, del perfeccionismo que paraliza. Significa descansar lo suficiente para decidir bien. Significa poner límites que te protejan de tus impulsos. Significa rodearte de modelos que construyen y no presumen. Significa recordar que el dinero es un resultado, no una identidad.

Cuando tu mente está protegida, cambian cosas concretas. Gastas menos por ansiedad y más por intención. Negocias sin pedir perdón por existir. Inviertes con horizonte en lugar de drama. Diseñas sistemas en vez de reinicios. Mantienes el rumbo incluso cuando una semana sale mal. Y, poco a poco, el dinero deja de ser un tema cargado de emociones y se vuelve un recurso que administras con calma. No porque la vida se vuelva perfecta, sino porque tú te vuelves más estable.

La mayoría busca una fórmula para que el dinero no duela. Pero el dolor no viene solo de la falta de dinero; viene del caos mental que genera decisiones pequeñas sin dirección. Viene de no mirar, de postergar, de compararse, de vivir sin límites, de confundir ingreso con riqueza y estatus con patrimonio. Viene de no tener un "suficiente" que te ancle. En cambio, cuando defines tu suficiente, cuando alineas tus decisiones con tus valores, cuando construyes infraestructura, el dinero se vuelve ligero. No desaparecen los problemas, pero cambian de naturaleza: ya no son incendios diarios, son ajustes estratégicos.

Si hay un cierre que merece quedarse contigo, es este: tu mente vale más que un millón porque el millón sin mente se pierde, y la mente con sistema lo construye. La mente sin foco lo gasta, la mente con claridad lo usa. La mente sin límites se deja arrastrar, la mente con estructura elige. La riqueza real no es el número que tienes; es la calidad de tus decisiones cuando nadie te aplaude. Es la calma con la que sostienes tu rumbo. Es la coherencia de una vida donde el dinero no manda, sino que sirve.

Así que empieza pequeño, pero empieza hoy. Elige una decisión por área y sosténla. No para demostrar nada al mundo, sino para demostrarte algo a ti: que puedes proteger tu mente, diseñar tu sistema y construir una libertad que no dependa de un golpe de suerte. Dependerá de ti, de tu claridad y de tu constancia. Y eso, al final, es lo único verdaderamente tuyo.